I ♥ Italy

義大利人的
甜蜜生活

丁瀅瀅　Angelo Mario Cavallo　著

Oil

三民書局

國家圖書館出版品預行編目資料

義大利人的甜蜜生活 / 丁瀅瀅,Angelo Mario Cavallo
著.－－初版一刷.－－臺北市: 三民, 2013
面；　公分.

ISBN 978–957–14–5742–0　（平裝）

1. 社會生活 2. 文化 3. 義大利

745.3　　　　　　　　　　　　101023161

© 　義大利人的甜蜜生活

著 作 人	丁瀅瀅　Angelo Mario Cavallo
責任編輯	吳尚玟
美術設計	郭雅萍
發 行 人	劉振強
著作財產權人	三民書局股份有限公司
發 行 所	三民書局股份有限公司
	地址　臺北市復興北路386號
	電話　(02)25006600
	郵撥帳號　0009998–5
門 市 部	（復北店）臺北市復興北路386號
	（重南店）臺北市重慶南路一段61號
出版日期	初版一刷　2013年1月
編 號	S 740640

行政院新聞局登記證局版臺業字第○二○○號

有著作權・不准侵害

ISBN　978–957–14–5742–0　（平裝）

http://www.sanmin.com.tw　三民網路書店
※本書如有缺頁、破損或裝訂錯誤，請寄回本公司更換。

序　言

　　義大利位於歐洲南部，國土狹長，北面與奧地利、瑞士、法國、斯洛維尼亞相接壤，三面環海，是地中海最重要的國家之一，也是歐洲文化誕生的搖籃。在歷史上，義大利北部曾被奧地利、瑞士、法國等多次占領，而義大利南部則深受西班牙和阿拉伯文化的影響，南北部歷史背景迥然不同。1861 年義大利統一，之前各地分裂為大小不一的獨立城邦國。因此南北之間差異懸殊，各個地區都保持著自己獨特的生活習慣、傳統、歷史、飲食文化、方言及風土人情。同處一國之內，地方風情卻千差萬別，令人感到不可思議，同時也趣味盎然。

　　提起義大利，人們會不約而同想到水都威尼斯、徐志摩筆下的翡冷翠（佛羅倫斯）、古老的羅馬競技場、米蘭時裝週、義大利足球、美味的披薩和義大利麵、富有創意的義大利人……。

　　義大利人：充滿激情，性格開朗，天生的樂天派。

　　一百五十多年短暫的統一歷史，使今日的義大利各大區乃至各個城市都保留著各自的風格，同時也影響了人們的思維方式、處事方法，以及對生活的態度。我很榮幸的接觸過並結識了很多義大利人，米蘭人、布雷西亞人、烏迪內人、佛羅倫斯人、維羅納人、羅馬人、那不勒斯人、西西里人、薩丁尼亞島人、普利亞人……，北方人、南方人。普遍來講，北方人性格稍微保守含蓄一些，在工作和學習中追求上進，努力勤奮，待人十分講究分寸。

而南方人，正如他們的格言「沒有愛情，生活則不可想像」，他們性格開朗，熱情好客，工作之於他們只是謀生的手段，生活才是最重要的。大部分的商店採用「地中海式」營業時間，上午九點營業，午休三個小時，下午四、五點鐘才重新開張。充足的陽光、天藍色的海水、潔白的沙灘和那一片片的棕櫚樹，如此美好，在義大利人看來，也許只有細細的品味、熱忱的對待，才不枉這般美景。在本書中，我將和大家一同分享義大利人的生活故事，談論義大利食物、義大利人的愛情觀、義大利人奇特的愛好與行為及各地習俗；一同體會地中海清新的海風，了解經歷過兩次世界大戰、二十年墨索里尼獨裁統治的義大利，並進一步接觸義大利人和義大利文化。

　　本書旨在為廣大讀者提供一個全面了解義大利的平臺，以輕快的筆調從多角度解析義大利人的生活及文化，並深入到當地人的生活，藉由他們的生活習慣和思維方式真正去了解義大利民族。衷心希望此書成為義大利語學習者、西方文化愛好者，以及想要了解義大利這座美麗國度的人的一本指南書籍。

丁瀅瀅

2012. 12. 5

義大利人的
甜蜜生活

目次

序言

Italy

義大利人的甜蜜

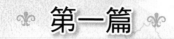

第一篇

民以食為天：義大利人與食物

Italy

餐桌上的義大利人

義大利的標誌是什麼？在一項外國遊客問卷調查中發現，原來其標誌並非數不勝數的歷史文化古蹟，也非威尼斯狂歡節，引領潮流的時尚或足球產業，而是義大利麵。也許有些出人意料，可是作為美食大國的義大利的確與義大利麵有著千絲萬縷的聯繫。義大利的飲食文化可以追溯到古羅馬時代，並於文藝復興時期得以繁榮發展，以佛羅倫斯為首的王公貴族們以發展烹調技藝作為實力展示的一種方式，因此將義大利飲食文化推向鼎盛，並推廣到歐洲其他地區，義大利菜被譽為「西餐之母」便由此而來。食物不僅可以滿足人們的生理需要，同時也代表著一種社會價值，人們將需求、願望以及日常生活中總結的經驗融入到食物中，因此可以說食物是一個結合與交流的過程，也是一個民族發展的縮影。

義大利有句俗語說：「我們從未在一張桌子上吃過飯。」意味著與別人有著生疏甚至敵對的關係。因此，餐桌是親密友誼的代名詞，而食物便是友好交流的媒介。食物是各種味道、香氣與色彩的集合，美的食物可以觸動人們的味蕾，帶來美好的感覺，因此美食是一門藝術，而如何做出美食則是一門深刻的學問了。蘇格拉底說：「告訴我誰是你的朋友，我就知道你是什麼樣的人。」富有想像力的義大利人將這句話變成一句他們的名言：「告訴我你吃什麼，我就知道你是什麼樣的人。」因為對食物的選擇不僅僅

是身體的需求，同時也反映了一個人的飲食習慣、內心的欲望、個人品味，甚至是一種價值觀念。一般來說透過觀察你買什麼樣的東西，選擇何種食材，便可判斷出你的年齡、文化背景、職業、生活品味以及個人的飲食習慣等。比如很多管理級人士開車快、走路快、吃飯快，尤其是午餐總是匆匆忙忙，也許他們中午會就近找一家咖啡館，點一塊三明治或夾心麵包，然後再加一杯濃縮咖啡。只有晚餐才是最重要的一餐，他們可以靜靜地坐下來和家人一起享受美食。而學生們通常會吃一頓豐盛的早餐，比如牛奶、牛角麵包、果醬、卡布奇諾咖啡等，而午餐則會在學校的食堂裡吃一片披薩或義大利麵之類的。除此之外，課間休息時則會吃些小點心。相對而言，家庭主婦和退休老人則屬於悠閒一族，他們有充裕的時間，因此即便午餐也會準備地十分豐盛，從前菜到甜點樣樣俱全。

近幾十年來，隨著義大利社會結構的變化和經濟的發展，促成了新的生活方式，同時也改變了義大利家庭的消費方式，但無論如何，傳統的食物及烹飪方式仍是義大利人生活中的主角。根據一項調查，義大利每人每年平均會吃掉三十公斤的義大利麵，也就是說平均每天至少有一餐會吃義大利麵。乍一想似乎有些難以理解，簡單的義大利麵拌上番茄醬，每天都如此重複，生活該有多枯燥啊！其實不然，這只不過是外國人對義大利麵的一種刻板印象，真正的義大利麵並非千篇一律，他們在麵食的製作上充分發揮了無盡的想像力與創造力。其種類繁多，色彩紛呈，據記載共有五百六十多種義大利麵，有圓環、蝴蝶、空心、扁平、細長、貝殼、螺旋、方塊等多種形狀，在視覺上帶給人藝術品般美的享受的同時，還具有上好的口感。義大利麵除了在形狀和顏色

4

五顏六色、形狀各異的義
大利麵 (shutterstock)

上有非常多的變化外，還可以藉由各式各樣的醬汁、香料及烹飪
方式演繹出千變萬化、特色不一的美食。義大利從南至北，各個
地區都有自己的特色菜肴：佛羅倫斯牛排、羅馬式跳嘴肉、米蘭
燴飯、熱那亞羅勒青醬麵、波隆納肉醬千層麵、威尼斯墨魚海鮮
麵、西西里風味義麵……。提到義大利的美食，恐怕三天三夜也
道不完，義大利人對於美食的追求已經不僅僅是簡單地滿足味覺
或愉悅精神，而是體現了義大利民族的飲食文化傳統與歷史。

「民以食為天」，那麼義大利人一日三餐究竟吃些什麼呢？一
頓典型的義大利家常午餐通常比較簡單，會省略開胃菜，直接從
第一道菜開始，以各式通心粉或其他種義大利麵為主，而第二道
菜則以肉或海鮮為主，加上蔬菜或馬鈴薯作為配菜。最後，當然
是必不可少的咖啡和水果了。隨著生活節奏的加快，上班族的午
休時間縮短，很多人加入了快餐的行列。因此，晚餐及週末成為
義大利人最重要的家庭團聚時刻，尤其是星期天，人們經常會舉
辦家庭聚會。這一傳統可以追溯到上世紀，由於食物匱乏，平日

1. 米蘭燉飯 (shutterstock)
2. 青醬麵 (shutterstock)
3. 墨魚麵 (shutterstock)
4. 佛羅倫斯牛排 (shutterstock)
5. 誘人的義式披薩
   (iStockphoto)
6. 跳嘴肉 (INMANGINE)
7. 千層麵 (shutterstock)

披薩幻想曲

裡難見葷腥，星期日對於大多數人來說就是好日子，星期日的午餐成為一星期中最為豐盛的一餐，全家人可以團聚共享美食。經歷過兩次世界大戰的洗禮，義大利人民飽受疾病與飢餓的困擾。糧食供應困難，溫飽是那個時代最受關注的話題。幾乎整個義大利都處於營養失衡的狀態，魚和肉被看做是一種絕對的奢侈品。無論是鄉村還是城市，飢餓無處不在，同時，飢餓也導致了較高的嬰兒死亡率，由於可以供應的食物有限，大約五分之一的孩童因為營養不良而夭折。對於很多家庭來說，就連普通的麵包也並非每天都能吃到，另外，麵包種類單一，而且大多是由小麥磨成麵粉後篩下的種皮及粗麥麩製成。由於地理位置和氣候的原因，北方山區不適宜小麥的生長，只能種植玉米，然後用玉米粉製作成玉米餅或玉米粥。在戰爭年代，麵包被認為是最珍貴的食物之

一，也是人們生存的保證。政府配給的麵粉、麵包、咖啡、玉米及米的糧票數量有限，溫飽問題難以解決。

從 1950 年代中期，義大利開始在經濟上逐步恢復，生活水準不斷提高，因此人們不必等待特殊節日才能吃上一頓有肉的午餐，每個星期天的家庭聚會上便可實現人們的願望。義大利百分之九十的人口都是天主教信徒，每個星期日信徒們都會到教堂做彌撒，之後便開始準備家庭聚餐了。對於義大利人來說，這頓午餐有著極為特殊的意義，人們可以聚在一起談天說地，不必再害怕炮彈飛過頭頂的戰爭日子，也不必擔心沒有麵包的三餐了。戰後初期，肉幾乎是健康的代名詞，只有節日期間和星期天才會在餐桌上看見葷腥，另外，農民需要牲口做農活，因此不能輕易屠宰。

這種情況一直持續到 1960 年代才有所改觀，貧困人口大量減少，營養失衡的狀況得以改善。當食物不再匱乏之後，那些曾經忍受過飢餓的人自然傾向吃得多一些，因為肥胖對他們來說，意味著生活的富足。因此人們寧願忍受肥胖的折磨，也不願再次受到飢餓的困擾。在這種社會情緒下，肥胖者不斷增加，暴飲暴食性肥胖使得人們開始注意到健康飲食的重要性，並由此誕生了世界上最健康的飲食體系——地中海式飲食。這種飲食方式的發現要歸功於義大利營養師 Lorenzo Piroddi，於 1939 年經過研究總結出地中海式飲食具有防癌的作用，並可以減少冠心病和糖尿病的發病率。地中海式飲食包括五穀雜糧、蔬菜、麵包、橄欖油、新鮮水果、深海魚、瘦肉、葡萄酒、雞蛋等。這種飲食方式的結構呈金字塔狀分布，從下至上食用量依次減少：金字塔底部以五穀雜糧和義大利麵為基礎；其次是新鮮水果、蔬菜及橄欖油；適量吃一些酸奶、奶酪等奶製品；每週吃幾次魚、肉類食品和雞蛋；

地中海式飲食金字塔 (shutterstock)

而金字塔的頂部則是需要適量食用的食物，如甜食、調味品、肥肉和葡萄酒。除健康合理的飲食結構外，地中海式飲食還強調健康的生活方式和樂觀的生活態度。這種高維生素、高纖維素、低脂、低熱量的飲食結構受到營養界的推崇。聯合國教科文組織於2010 年 11 月 17 日將地中海式飲食列為非物質文化遺產。

　　當然，無論是在飢餓還是富足的年代，餐桌禮儀都是不可忽略的。談到義大利的餐桌禮儀，其歷史可以上溯到中世紀，源於王室禮儀，就連叉子也是由義大利人發明的呢，可見義大利對整個西方的飲食文化影響之大。

　　1861 年義大利王國成立後，這種禮儀得以傳承，因此關於用餐和飲酒都有固定的講究，下面就簡單介紹一下義大利的餐桌禮儀：入座時要輕穩，餐巾攤開後將其放置於膝蓋之上，切勿圍在脖子上或掛在西裝領口；要等所有人都入座後才可以開始用餐；用餐時手肘不得靠桌緣，身體要保持姿勢端正，不可以口就食物；

用勺子取菜時，不可盛得過滿，以免湯汁滴到桌布上；吃肉時不可將肉一次全部切開，要吃一塊，切一塊，邊吃邊切；切忌用自己的餐具夾取公共餐盤中的菜肴；使用刀叉時應該盡量避免與盤子發出聲音；食畢，應將餐具擺放整齊，切勿交叉擺放，餐巾亦應折好，放在盤子旁邊。飲酒時，切勿一飲而盡，飲酒後要立即用餐巾擦拭嘴唇及酒杯上留下的痕跡。

另外，關於如何擺放餐具也是一項不可忽略的重要禮儀。正確的布置餐桌是高尚品味、優雅風度的標誌，同時也可表現出對客人的尊重與重視。桌上的裝飾可以起到畫龍點睛的作用，例如鮮花可適用於任何一種晚餐，但如果是要準備一頓浪漫的晚餐，那麼蠟燭絕對是理想的選擇。桌子上可依次擺放三張盤子，分別用於開胃菜、第一道主食和第二道菜，而點心的碟子則要最後擺放。至於刀叉的位置，也有一定的講究：盤子左邊為叉，右邊為刀子和湯匙，刀刃朝向盤子的一方，相信這些都是最基本的西餐常識。細心的你還會注意到用於甜點的刀叉或小湯匙的擺放位置，這些一般擺放在盤子上方，叉柄朝左，刀柄和湯匙朝右，而酒杯則通常放置於盤子右上方，稍大些的杯子用於飲水，另一個則用於飲用葡萄酒。

如果說義大利人是一個注重生活品質和細節的民族，那麼從

義大利的餐桌擺設 (shutterstock)

食物上便可窺見一斑。儘管很多生活習慣隨著社會的變化而變化，可是義大利人對於美食的熱愛卻有增無減，他們喜歡在廚房裡花費整整一個星期六的下午烘烤出美味的披薩；熱愛到菜市場精心地挑選果蔬；能夠認真地學習媽媽的祖傳食譜，對於食物，他們永遠都不會馬虎。他們推崇健康自然的食材，偏愛傳統的烹飪方式，對於義大利人來說，美食已經不僅僅是一種形而下的簡單生理活動，或維持生存的食物欲求，而是一種社會性與藝術性的體現，是義大利悠久歷史文化的精髓與積澱，是義大利人熱愛生活的態度及揮灑藝術的方式。

義大利的各式飯店

說起美食，腦海裡不禁會蹦出一長串令人垂涎三尺的名字，那不勒斯披薩、威尼斯墨魚麵、波隆納肉醬千層麵、米蘭燴飯、佛羅倫斯牛排，作為美食大國的義大利，每一個地方都有其引以為豪的風味，隨處都可以找到讓你一飽口福的餐廳。看起來，這些飯店的很多招牌菜區別不大，然而並非如此。

大運河上的餐廳

義大利的歷史文化與飲食有著緊密的聯繫，就連每家飯店都有自己的風格和特有的傳統。其中不少飯店是百年老店，至今仍然保留著幾世紀前的裝修風格。

義大利的飯店在經營種類和規模上可以分為四種：高級餐廳、家庭餐館、葡萄酒屋及農家飯店。

說到餐廳，也許是義大利餐飲業最常用的詞彙。該詞最早出現於十四世紀的法國，意為「可以吃的食物」，特指一種味道鮮美的湯。而其現代含義的用法則始於 1765 年，法國廚師勃朗格 (Monsieur Boulanger) 在巴黎開設了第一家真正的餐廳，這家餐廳在各方面都已經和我們今天所看到的西餐廳極為相似，客人可以入座然後選擇菜單上的食物。如今，餐廳進入了新的發展時代，開始更加注重提高服務水準，注重實用性的同時又十分講究經營藝術，飯店的類型也更加多樣化。尤其是近些年來，概念新穎的主題餐廳悄然出現，餐廳通常圍繞一個或多個主題進行布置裝修，設計風格，統一服務人員的裝扮甚至菜單的形式，使前來用餐的客人在品嘗美味的同時，在這種特定的情景之中，感受不同的文化氛圍，體驗獨具匠心的創意美食之旅。其主題也並非是千篇一律的，如黑色餐廳，其內部裝飾採用黑色，以營造恐怖的氛圍，翻開菜單，隨處可見那些以驚悚電影或世界級恐怖片導演命名的菜肴，十分有趣。

在義大利的眾多主題餐廳中，羅馬的 Ristoaereo 餐廳脫穎而出，別具特色，從名字上可猜出其風格的一二。餐廳的名字一半採用了義大利語中的餐廳一詞 "ristorante"，另一半則是用義大利語中的飛機一詞 "aereo"，因此應該是和飛機有些聯繫吧。的確如此，這家餐廳就開設在飛機上。這架飛機在 1960 年代是義大利共

羅馬的 Ristoaereo 餐廳（Ristoaereo 提供）

和國三位總統的專機，停用後經過改裝便成了我們今日所見的模樣。「飛機」裡的設計風格浪漫典雅，整架飛機共有兩層，第二層擺放著造型精美的二人餐桌，專門用於招待情侶。而底層的餐桌則較大些，適合朋友聚餐。餐廳服務人員的服裝也有別於其他高級餐廳，並非傳統式的西裝蝴蝶結或者黑色窄裙，而是空姐或機長裝扮。置身其中，彷彿在空中遨遊。

享受了「空中盛宴」，義大利人還有其他方式震撼你的視覺享受。費拉拉的 Sebastian 餐廳就是其中典型的一例。這家餐廳既不是在空中，也並非在陸地上，它位於費拉拉市中心的一條河上，由船改造而成，其內部海盜風格的設計使人有種穿梭到十八世紀的感覺，靜靜地在「河上」看著周圍的美景和流動的河水，品嘗美味，感受一次水上之旅所帶來的特殊感受。

高級餐廳的一流服務和頂級的用餐環境的確令人稱讚，但是其價位也是不能小覷的。相較而言，家庭餐館算是比較平民化、地方化的飯店了。這些地方通常規模較小，設於人口聚集的城鎮。

如果想品嘗道地的地方特色菜肴，那麼這種類型的餐館應該是首選了。

幾世紀前，家庭餐館的形式還極為簡單，他們主要為過往的旅客提供自家醃製的小菜、家釀的葡萄酒、新鮮奶酪、香腸、火腿等簡易食品。餐館的主人身兼數職，他們在外面打獵捕魚，種植橄欖、葡萄，回家後釀酒，製作火腿、奶酪等，所有的食物都是由主人親手準備。這種餐館並不十分注重裝修設計，也沒有高雅的用餐環境，但是卻有一種家的溫馨味道，親切隨和的老闆娘端出熱氣騰騰的義大利麵和香醇的葡萄酒，旅途中的疲倦不知不覺中便紓解了一半。義大利的家庭餐館在歐洲可以說是獨一無二的，無論是來自遠方的旅客還是鎮上的居民，都會在這裡嘗到令人滿意的可口佳餚，家庭餐館正是以其溫暖的家庭氣氛、美味的地方菜肴以及適中的價格受到大眾歡迎。家庭餐館內部設計簡單，木質桌椅、方格桌布、祖輩相傳的葡萄酒桶便是餐廳的全部，但是這裡的食物卻永遠不會令人失望。

義大利最具特色的家庭餐館要數羅馬的 Cecio 餐館了，通常也被當地人稱為粗話餐館。這家餐館的有名之處不僅在於提供道地的羅馬風味菜

Cecio 餐廳 (Shery Cheong 提供)

式，還有獨特的用餐環境，在這裡你可以和任何人盡情說髒話、粗話，尤其是這裡的服務生和表演節目的演員們更是變著花樣地說髒話，令人啼笑皆非。服務生為客人上菜時，總是會「出言不遜」，甚至講一些黃色笑話，開客人的玩笑。臺上的演員們也不閒著，拉著手風琴，用羅馬方言唱著滑稽的歌，調侃著政客，時不時的還將臺下的客人也編進他的歌裡。人們來這裡用餐，除了品嘗羅馬風味之外，更重要的還是「找罵」，更貼切地說是尋找一種非常理的樂趣。在這裡沒有人會因為一句粗話而惱火，人們可以卸下所有的面具和偽裝，盡情釋放，互相開著玩笑，毫無忌憚地講著粗話，這也是一種放鬆心情的精神宣洩方式吧。

　　如果說家庭餐館仍然具有供遊人參觀的功能的話，那麼葡萄酒屋相對而言簡單得多。最初的葡萄酒屋設立在商業密集、人口

古老的味道——葡萄酒屋

眾多的區域，如十字路口附近、廣場或集市上。葡萄酒屋如酒吧一樣是人們的聚會場所，其設施簡陋，食物種類較少，但必不可少的是葡萄酒，而食物以及簡易房間則都是次要的。直到 1950 年代，葡萄酒屋一直是一個休閒娛樂的場所，尤其受到男士的歡迎，他們晚上聚在這裡飲著葡萄酒，暢談政治、足球或者女人的話題。1950 年代以後，葡萄酒屋經歷了一段蕭條的時期又恢復了原有的生氣，成為朋友聚會的最佳場所之一。可以說葡萄酒屋是我們今天所見的旅館與酒店的前身。店內準備了簡易的房間，以便喝醉的客人可以直接在這裡入住休息。奇怪的是很多酒屋並沒有自己的招牌，而是在門口樹立一些標誌，如寶劍、雄鷹、天使、皇冠等，因此這些標誌便成為了某種意義上的酒屋名稱。酒屋自然是品嘗葡萄酒的好去處，即便喝得酩酊大醉也不用擔心如何走回家。很多酒屋都開設在火車站或港口附近，為來往的旅客提供了方便快捷的服務。還有一些則開設在貧民區，每天晚上無家可歸的人來這裡喝喝葡萄酒，吃些點心，另外，住宿問題也不用發愁了。

義大利最古老的葡萄酒屋是位於費拉拉市的 Hostaria del Chiucchiolino，開設於 1435 年，後來更名為 Al Brindisi。曾經有很多歷史名人都路過此地：義大利中世紀詩人阿里奧斯托和托爾夸脫·塔索曾在這裡小憩，天文學家哥白尼則在這座酒屋的屋頂上做過天文觀測。1973 年教皇若望保祿二世也曾來過此地品嘗美食。這座酒屋在幾百年的經營中，積澱了深厚的文化內涵，接待過很多重要的歷史人物，堪稱酒屋之最。

比起葡萄酒屋悠久的歷史，農家飯店的興起時間算是較為短暫了。1970 年代，很多農家將鄉村的城堡進行簡單的裝修，改造成飯店，為過往的旅客提供食宿。而今，為了滿足客人的要求，

費拉拉的葡萄酒屋 (shutterstock)

農家飯店發展成為一種新型的飯店,使客人在接近大自然的同時,可以享受到健康天然食品,從開胃菜的奶酪火腿拼盤到桌上的家釀葡萄酒,以及水果沙拉和各式蔬菜等都是農家產品,讓客人吃得放心、安心。另外,農家飯店的主人還精心規劃騎馬、登山、徒步旅遊等活動項目,將休閒娛樂結合一體。同時,還為遊客提供學習考察的機會,展示橄欖油、奶酪、生火腿製作過程及葡萄酒的釀造工序。近年來,農家飯店的數目逐漸增長:清新的空氣、寧靜的氛圍、道地的菜式、實惠的價格,這些元素吸引了大量前來的客人,尤其是住在都市裡的人們,度過了五天緊張而忙碌的生活,離開喧囂,找一個僻靜的地方放鬆自己,而那裡無疑是最佳的選擇。農家飯店由最初的季節式開放轉為現今的全年開放,尤其是週末和夏日長假裡,還要提前預約呢。

托斯卡尼 Apparita 農莊（Agriturismo Apparita 提供）

　　義大利的鄉村旅遊越來越受到大眾歡迎。優美的鄉村田園風光、健康自然的食材、古色古香的城堡，沉浸在這種迷人的氛圍之中，城市病不藥而愈。因此鄉村旅遊的發展，該產業所取得的成功逐漸成為其他國家效仿的對象，尤其是馬爾他、希臘、英國、菲律賓、西班牙等國家極力倡導，並邀請義大利阿雷佐地區的專家們前往指導。阿雷佐地區是鄉村旅遊的模範大區，每年都會舉辦國際鄉村旅遊大會，屆時來自世界各地的酒店管理人士絡繹不絕，前來學習參觀。

　　提到義大利的鄉村，托斯卡尼大區應該說是最好的例子。溫暖的陽光、恬靜的山坡、成群的羊兒，以及遠處成片的葡萄園與橄欖樹，自然而然中流露出寧靜悠閒的田園風格。從高處望去，一座座起伏有致的山丘勾勒出一幅精緻的油畫，美得恍如隔世。走進 Apparita 農莊，它位於托斯卡尼大區比薩市郊 Volterra 小鎮

上，這座小鎮擁有大量的伊特魯里亞考古遺跡，至今仍保留著中世紀文藝復興時期的建築風格。小鎮獨特的黏土地貌與托斯卡尼典型的鄉村風景有所不同，灰白色的泥塊、墨綠的麥田和金黃色的乾草堆，如此強烈的顏色組合在溫暖的陽光下產生一種奇特的視覺效果。在 Apparita 農莊，客人們可以到附近的山坡上騎馬，或漫步於古老的小鎮之中。品嘗享譽世界的 Chianti 紅酒、自家烤製的麵包、味道鮮美的義大利通心粉以及其他當地菜肴。因此，每年來這裡探索古老的伊魯特里亞文明和托斯卡尼美食，感受田園氣息的遊人絡繹不絕。

　　義大利人不但講究吃什麼，去哪裡吃，對於如何吃也非常重視。義大利擁有數不盡的精美菜肴和各式餐廳，也是世界慢食運動的發源地。慢食運動最初始於 1986 年，由一位美食專欄作家提出，呼籲人們不要忽略傳統美食，強調享受美食是人類不可剝奪的權利，應該食用美味、清潔的食材，同時抵制快餐文化和現代生活所帶來的快節奏。這場慢食運動發展至全球，每年都舉辦大量的美食會、展覽會等，如杜林的「品味沙龍」展，熱那亞的「慢魚」展等。這些活動旨在提醒人們享受美食，呼籲鍾愛漢堡或崇拜美式快餐的年輕人應該養成正確的飲食習慣。慢食運動象徵著

世界慢食標誌（左）與義大利慢食標誌（右）

高品質的生活，也是對自然環境和消費者健康的一種尊重。據統計，全義大利一千六百多家生產商參與了義大利 Presídio Slow Food 項目，其中包括農業公司、牧羊主、麵包師傅、捕魚者、奶製品作坊等，這些小生產商遵循傳統的生產方式，不違農時，健康養殖動物，為消費者提供綠色純天然的健康食品。優質、高質的當地食品；自然生長不使用任何化學肥料的果蔬，慢食運動正是在這幾項標準的基礎上不斷發展，並促進了當地的經濟發展，消除了消費者對食物品質的擔憂。所有參加慢食運動的商品都會被貼上 "Presídio Slow Food" 的標籤，以便與其他食品區別開來，同時也強調此種產品對環境可持續發展的尊重及對傳統生產方式的傳承。

可見，義大利人對飲食所做的研究與貢獻頗大，是名副其實的「西餐之母」。義大利民族在飲食方面有著悠久的歷史，並對世界餐飲產生了深厚的影響，他們在日常的飲食生活中巧妙利用豐富的食材和香料烹製出人生的美好與意義。

甜點——各大節日的主角

作為美食大國的義大利有著自己獨特的飲食文化，在甜點上更是獨樹一幟，每年大大小小的節日中，義大利人除了特有的節日習俗之外，其慶祝方式總是伴隨著各式各樣美味的甜點。自然，每個節日都有其特定的食物，就像中國春節的年糕、元宵節的湯圓、端午節的粽子、中秋節的月餅一樣，每個節日，甜點，總是不可缺少的。

西元 395 年，羅馬帝國分裂成各自為政的東羅馬帝國和西羅

巧克力節剪影

馬帝國。天主教也隨著羅馬帝國的分裂,分化成以希臘語地區為中心的東正教和以拉丁語地區為中心的羅馬公教,從而,君士坦丁堡和羅馬成為這兩大教派的宗教中心。由古至今,義大利一直與宗教有著源遠流長的聯繫,從實力強大的教皇國到義大利境內的「國中國」梵蒂岡,可見義大利與宗教的微妙關係。教皇國形成於八世紀,是由羅馬教皇統治的政教合一國家,位於亞平寧半島中部。1861 年義大利王國成立時,其大部分領土被併入義大利王國,1929 年,庇護十一世與義大利首相墨索里尼簽訂了《拉特蘭條約》,教皇國退縮至羅馬城內的梵蒂岡,擁有獨立的梵蒂岡城國主權。如今的教皇國雖然不再擁有昔日廣闊的領土,是世界上最小的主權國,但據 2010 年統計,全球約有十三億天主教信徒,其龐大的信徒人數無疑地說明這一宗教在政治和文化領域上所擁有的世界性影響力。在歷史上義大利的國教始終是天主教,今天約有百分之九十的義大利人信仰天主教,每年大部分的節日都屬於宗教性的節日。好幾世紀以前,為了紀念神話與傳說中的人物,誕生了很多傳統的民間或宗教節日,並產生了與之相關的節日慶典、飲食、歌舞、傳統工藝等,這些傳統被保留至今,並且在世界全球化的影響下,很多習俗流傳到國外。毋庸置疑,飲食是每個義大利節日的主角,現在讓我們一同走進義大利節日糕點的甜蜜世界,感受其甜品文化的精髓。

在義大利,進入 12 月後的主題便是聖誕節,可謂是最重要而盛大的宗教節日之一,以紀念耶穌基督的誕辰。傳統意義上的聖誕節是指從 12 月 8 日的聖母受胎節到 1 月 6 日的主顯節這段期間,聖誕將至,各大城鎮張燈結綵,布置聖誕樹,商家們也費盡心思,推出各種新穎的促銷方式以吸引顧客,而人們除了要準備

聖誕禮物之外，還要安排聖誕大餐，即使是平日裡節食的人也難抵美味的誘惑，在這段期間將其計畫暫停，與家人朋友們共同分享節日的喜悅，品嘗聖誕美味。

　　義大利境內共有二十個大區，每一個大區都有自己的地方特色，尤其是在糕點的樣式和工藝上更是百花齊放。當然，有些糕點是所有義大利人共同的節日食品，並成為節日的象徵。

　　聖誕期間最常見的糕點便是聖誕麵包 (panettone)，這種糕點是聖誕期間專有的高級糕點，根據記載，最初的聖誕麵包出現於1400 年，始創於義大利北部時尚名都米蘭，一個名叫托尼的麵包師傅由於揉錯了麵團，但又不想扔掉，便在裡面加了一些葡萄乾和其他水果蜜餞。在誤打誤撞中便烘烤出今日的聖誕麵包。這種獨創的麵包立即在全城乃至整座亞平寧半島受到歡迎，最後被命名為「托尼的麵包」(pane di Toni)，以紀念其創始人，由於諧音的關係後來就變成了今日眾所周知的聖誕麵包 panettone。這種麵

聖誕麵包 (shutlerstock)

黃金麵包 (shutterstock)

包呈圓柱狀，高度在二十公分到二十五公分之間，其做法十分簡單，即將麵粉、雞蛋、牛奶、白糖、葡萄乾及水果蜜餞等糅合，然後低溫發酵，讓果香與麵團充分融合，出爐後的聖誕麵包鬆軟香甜，果香四溢，與全家人圍坐在火爐旁，吃著聖誕麵包，似乎成為了一個固定的聖誕慶祝方式。

另一種典型的聖誕甜點則是黃金麵包 (pandoro)，這種甜點的烘焙歷史長達四百多年，始創於十六世紀的威尼斯水上共和國，這座建於 687 年的城邦國是當時地中海上一支主導力量。在其統治期間，為了迎合王室貴族高貴典雅的格調，御用廚師特地製作了這種金燦燦的糕點，美名曰「黃金麵包」，其命名也恰恰符合了麵團完美的黃金顏色，以及其外殼的黃金貼紙包裝。五百多年來，製作黃金麵包的原料一直採用麵粉、雞蛋、白糖、奶油和鮮奶油，然後將麵團發酵數小時，經過烘焙後其形狀為八星狀。在聖誕期間，種類繁多的黃金麵包被大量銷售，如奶油夾心、巧克力夾心等都是人們所喜愛的。近年來眾家知名麵包商如 Bauli、Motta、Melegatti、Maina 等在原料上不斷地進行創新，但是在基本原料上仍然保持著幾世紀前的傳統特點。

除了北方的聖誕麵包，還有一道典型的傳統甜點，即 struffoli，這種甜點起源於義大利南方，主要為那不勒斯地區，傳說西元前八世紀古希臘人就有了製作這種甜點的記載。希臘殖民統治期間，在整個義大利南部地區崛起了很多希臘城市，進而形成了大希臘，從建築和藝術角度來講，義大利南部地區至今仍保

struffoli

留著希臘的風格。在那一期間義大利南方人改良希臘式的甜點，於是便有了今天我們所見到的 struffoli。這種甜點原料是由麵粉、雞蛋、奶油和白糖混合而成，將其麵團揉成小丸子，經過油炸後，一粒粒呈金字塔狀擺放到點心托盤中，最後均勻地淋上蜂蜜汁。這種點心通常只在蛋糕店出售，當然其製作工序經過代代相傳，至今在義大利人的餐桌上仍然會品嘗到，是一道家庭式傳統甜點，並也保留了其原始的特點，入口酥脆香甜，與柔軟的聖誕麵包形成鮮明對比，滿足了不同的口味。

　　狂歡節無疑是繼聖誕節之後最受人們喜愛的節日了。每年歡慶的時間都不固定，從 2 月初到 3 月初之間到來的四旬齋前一天開始算起，延續大約兩週時間。所有的大城小鎮在 2 月至 3 月的星期日都會組織盛大的花車遊行，所有的孩子們盛裝出行，中世紀王室的小公主、超人、蜘蛛人、羅馬士兵、蘇洛等各式卡通及漫畫人物隨處可見，在狂歡節期間除了面具、花車等節日主題外，自然也少不了甜點，其中最常見的便是蜂蜜杏仁糖、酥脆薄餅和約瑟炸餅圈。

　　蜂蜜杏仁糖 (torrone) 是一種傳統甜點，起源於阿拉伯國家，

酥脆薄餅（左上）、約瑟炸圈餅（左下）、香甜的蜂蜜杏仁糖（右）(shutterstock)

據記載於 1441 年在義大利北部克雷莫納小鎮上，義大利北部的米蘭公國建立者維斯康蒂家族和斯福爾扎家族舉行政治聯姻，為了慶祝這場盛大的婚禮，在婚宴上人們製作了形狀類似該小鎮主教堂鐘樓的一種糕點，因此被命名為 torrone，在義大利語意為「大鐘樓」。這種甜點的製作原料有蛋白、蜂蜜、白糖和杏仁，其味道甜而不膩，口感酥脆。

　　酥脆薄餅在義大利語中被稱為 Chiacchiere ，有「聊天」之意，也是義大利狂歡節一種特色甜點。酥脆薄餅 Chiacchiere 起源於希臘，在希臘統治義大利南部期間被引入。這種點心製作工序簡單，但是味道卻十分可口。其原料為麵粉、雞蛋、奶油和白糖，製作時將麵團切成薄薄的寬條狀，然後油炸，冷卻後，將之撒上薄薄的一層糖霜。該甜點的特殊之處在於它有著十幾種不同的名

稱，雖然原料做工都相同，但有趣的是在義大利各個大區都有著
各自的叫法，實屬罕見。

　　約瑟炸餅圈 (Zeppole) 是另一種狂歡節的特色甜點，這種甜點
的誕生有著一段特殊的歷史。古羅馬時期某年的 3 月 19 日，這一
天恰巧是聖約瑟的誕辰，同時也是父親節。一位名叫保羅的廚師
為了紀念聖約瑟製作了這道甜點，在他所住的那個地區，鄰居們
都親切地稱他為「保羅叔叔」，因此由於諧音的關係，在義大利語
中保羅叔叔 "Zio Paolo" 與 "Zeppole" 相似，因此人們便以他的名
字命名。約瑟炸餅圈 Zeppole 由麵粉、奶油、雞蛋和白糖混合而
成，並帶有奶油夾心，油炸後撒上一層白色糖霜，薄薄脆脆，口
感香甜，令人回味無窮。

　　狂歡節後接下來便是義大利的第二大節日——復活節。復活
節通常在每年春分月圓之後第一個星期日舉行，乃紀念耶穌基督
西元 33 年被釘入十字架死後第三天復活的事件。這個節日的典型
糕點為鴿型蛋糕。鴿子在世界各地都是和平的代名詞，象徵著愛
與重生，也恰恰符合這個節日的主題。關於鴿型蛋糕的傳說要上
溯到西元 572 年，義大利北部阿爾比諾國王征服鄰近的一座小城
帕維亞時，一位老廚師將形狀如鴿子的蛋糕獻給國王，作為和平
貢品，其原料為牛奶、雞蛋、奶油、麵粉、蜂蜜、橘子皮和杏仁，
事實上與聖誕麵包在原料上有很多相同之處。

　　在義大利南方，其典型復活節甜點便是那不勒斯派
(pastiera)。一位那不勒斯修道院的修女為了紀念耶穌復活故而發
明了這道糕點。那不勒斯派呈圓形，大小如披薩，約有兩公分厚，
表面呈格子狀，其原料有雞蛋、麵粉和白糖，以及鮮奶酪、米或
麥粒等，如今，人們習慣在格子中間抹上果醬，吃起來甜而不膩。

鴿型蛋糕 (shutterstock)

那不勒斯派 (shutterstock)

不過，除了這些糕點之外，孩子們更加著迷於五彩斑斕的復活節巧克力彩蛋，除了大小不一、五花八門的包裝之外，更讓孩子們欣喜的還是彩蛋裡面裹著的玩具、小擺設等各種各樣的驚喜。

當然，甜點並非只是節日的專屬，這些不過是義大利甜品中的一小部分，享譽世界的提拉米蘇和義式冰淇淋等都是其甜點的象徵。漫步於小巷之中，你會不知不覺地放慢腳步，感受空氣中飄過的糕點香氣與咖啡的濃郁氣味交融，然後擴散。櫥窗前琳琅滿目的甜品如同藝術品一樣吸引著我們的視覺，當然，更多地是激發我們的味蕾和對美好食物的想像力。亞平寧半島有著千萬種

提拉米蘇（左）與義式冰淇淋（右）
(shutterstock)

理由吸引來自世界各地的遊客，想必甜點便是其中一種最不可抗拒的誘餌吧，它凝結了義大利民族的智慧結晶，以其精美的做工、香醇的口感以及無可挑剔的品質受到了全世界人們的喜愛。

義大利人的喜糖

　　白色，在義大利文化中象徵著超越完美、陽光、純潔無瑕、精神的救贖、純淨的靈魂，也象徵著聖潔、純真的肉體與心靈。因此，白色被用於很多宗教儀式和婚禮中，如新婚大喜之日，喜糖是必不可少的。由於文化的差異，與中國傳統的紅色喜糖不同的是，義大利的喜糖是一種夾心的白色糖果，糖衣內緊緊地裹著兩瓣杏仁，象徵著兩個靈魂的結合。喜糖呈扁圓的杏仁狀，糖衣表層光滑平整、細膩堅實、細緻如瓷。

　　關於義大利糖果的傳說有著悠久的歷史，傳說阿拉伯的一位醫生是其最早的發明者，出於醫藥目的，裹有蜂蜜的苦藥便於兒童服用。但那時的糖衣仍然採用蜂蜜，直到西元 400 年白糖被引進西歐後，遂產生了糖衣的新品種。西元 1200 年威尼斯水上共和國成為商貿往來的必經之路，同時也引進了很多阿拉伯習俗。每逢節日，拜占庭帝國的貴族們從陽臺上向樓下歡慶的群眾拋灑糖果共同分享節日的喜悅。後來這個習俗被引進義大利，演變成今日的婚禮習俗，所有來賓們向走出教堂的新人拋灑糖果和米粒以示祝福。白糖剛被引進義大利時，糖果還只是貴族專用，宮廷的一些藥劑師別出心裁，發明出新的製糖工藝，用糖汁包裹杏仁等乾果，遂成為今日所見的夾心糖果。文藝復興時期，上流社會接待賓客，桌上總會擺上裝滿糖果的餐盤，稀有的白糖和香料成為中世紀社會地位的象徵，而不同種類口味繁多的糖果更是王室貴

族炫耀的工具。西元 1500 年後糖果成為午餐後的最佳甜點。義大利很多詩人、作家如文藝復興時期的人文作家代表薄伽丘、著名詩人卡爾杜奇、小說家及戲劇家維爾加以及劇作家鄧南遮等都曾對糖果鍾愛有加，並在其作品中作過生動的描述，歌德曾經贈送給他的未婚妻一首飾盒的糖果作為禮物，另外拿破崙、路易十四世和伊麗莎白王后也對糖果讚賞有加。王室貴族將這些珍貴的糖果放置在五顏六色的盒子中，或許這便是後來出現的喜糖禮盒的雛形吧。幾世紀以來，糖果一直是生活幸福甜蜜美滿的象徵，也是社會地位的體現。不過最初糖果用作結婚禮物時，是由賓客們贈送給新人，以表祝福。隨著時間的推移，這種習俗演變成由新人贈送給參加婚禮的親朋好友，邀之同喜。用飽滿的杏仁作為夾心也自有其特殊的用意，白色糖衣包裹著兩瓣杏仁象徵著新人的結合。新人贈送給賓客的禮盒中裝有的喜糖數量自然也是固定的，共有五顆喜糖，分別象徵著幸福、富裕、長壽、多子和健康。

隨著糖果業的發展，各種糖果公司不斷興起，甚至形成了專門的糖果產區。不過，義大利糖果業最甜的小鎮的美譽應該賜予拉奎市地區的蘇爾莫納小鎮了，這裡技藝精湛的工匠們將製作糖

婚禮喜糖 (shutterstock)

果的技術發揮到了極致。在這座小鎮上，還建立了國家糖果藝術博物館，可以說是糖果發展史的最佳見證人。這座小鎮製作的糖果見證了一個又一個幸福的時刻，2011 年，當人們關注著英國威廉王子和王妃凱特舉行的「世紀婚禮」時，也許並沒有留意到那一顆顆白色喜糖來自何方，沒錯，這些喜糖便出自於蘇爾莫納小鎮的喜糖手工匠之手。那些純白色的喜糖，看似平凡，但每一粒都刻有王子與王妃的姓名，儘管英國沒有這種習俗，但是這滿滿的一盒盒喜糖卻象徵著這對新人今後的甜蜜婚姻和幸福生活的衷心祝福。英國普天同慶，向所有人分發了來自南歐的喜糖，於是在這場舉世矚目的婚禮上，我們再一次看到了義大利人的「傑作」。

糖果的製作可以上溯至十五世紀，博物館中至今仍珍藏著 1492 年至 1493 年之間的史料記載。據記載，於十五世紀聖瑪利亞修道院中，修女們用絲帶將這些糖果擺設成花朵、葡萄或玫瑰念珠的形狀。蘇爾莫納小鎮的迪卡羅糖果公司是這一領域的佼佼者，1883 年薩沃伊公爵翁貝託一世（1877～1900 年成為義大利王國國王）曾授予這家公司一枚胸針，後來被用作公司的標誌。除杏仁夾心外，工匠們獨具匠心製作出不同口味的糖果：牛奶巧克力、香濃巧克力、杜林軟巧克力、卡布奇諾、奶油泡芙、各式水果夾心等，滿足了大眾的需求。口味不同的糖果不僅用於婚禮，還出現於各式節日和慶典中。人們根據不同的場合中選用恰當顏色的喜糖：白色的喜糖用於婚禮和六十週年結婚紀念日，象徵著二人純潔的愛情，也用於孩子的第一次聖禮和堅信禮；男孩子洗禮時選用藍色的喜糖，而女孩子則選用粉紅色的；訂婚用綠色的；畢業典禮或生日宴則用紅色的；水晶婚（二十週年結婚紀念）選

用黃色的；銀婚自然選擇銀色的；而五十週年結婚紀念則用金色的。不同顏色的喜糖其包裝也大有講究。如為孩子聖禮準備的禮盒多採用卡通圖案，小天使、小熊維尼和 Hello Kitty 等。而畢業典禮則通常寫有畢業日期及畢業生的姓名。旨在與大家分享甜蜜快樂的同時，為慶典增添亮點。

今日糖果已然不再是社會地位的象徵，但卻完全地融入了義大利人的生活和社會習俗。在義大利語中便有很多俗語和諺語與喜糖有關。「自家的麵包和洋蔥總比別人家的母雞和喜糖好」，意為別人的金窩銀窩，不如自己的草窩；「吃完喜糖見缺點」意為結婚以後才發現對方的缺點；「什麼時候吃你的喜糖？」其實這種用法在中國也十分常見，用於側面打探對方何時結婚；「鮮花、喜

各式各樣的喜糖 (shutterstock)

糖，你期待的那一天來了」，用以表示婚期即將到來，而當義大利人說「西斯托教皇的喜糖」時，則意味先獎勵再懲罰，恩威並施。關於這種說法的起源傳說在歷史上的確發生過。古羅馬時期西斯托教皇非常厭惡羅馬貴族興風作浪、無惡不作的行為，經過多年的分歧與不合，一天，教皇邀請羅馬貴族共進午餐，席間，教皇分給所有來客一些喜糖，並請他們一同向客廳的窗外望去，說道：你們看那些鐘樓，多麼宏偉壯麗！彼時，貴族們看見鐘樓上懸掛著自己的親信。

這些含有喜糖的俗語和說法反映了義大利人民的生活經驗和文化歷史，也是人民願望的一種體現，委婉地表達著人們情感。這種喜糖文化傳承至今，已經約定俗成地成為各種喜事上最重要的禮品之一。

滲透入生活中的咖啡文化

話說咖啡的起源可追溯至幾世紀以前，但是它被發現的真正年代卻已無法考究，關於傳說也流傳著各種不同版本，其中相傳較廣的一種說法是一位名叫 Kaldi 的阿拉伯牧羊人，在無意中發現他的羊兒吃了一種野生植物的果實後，變得格外活潑。他極為不解，便將此事告訴了當地的一位領拜人，這位領拜人將這種植物的果實製作成一種味道略苦的飲料，用以暖身，提神並袪除疲勞，後來演變成了所謂的咖啡。

咖啡進入歐洲大陸的時間大約為十六世紀，土耳其人舉兵進攻維也納，但是被歐洲人擊退並驅逐出境，在土耳其人的軍營裡，歐洲人發現了很多裝滿黑色顆粒的袋子，但無人知曉應該如何使用。後來一位來自帕多瓦的著名植物學家 Prospero Alpino 將這些袋子帶到了威尼斯，從此之後，咖啡便從這裡走向了整個歐洲，在西方盛行。因此，可以說威尼斯人是歐洲最早開始飲用咖啡的。那時咖啡價格昂貴，並且只在藥店出售，幾乎是王公貴族的專用

一顆顆紅色的果實經過烘焙之後，就成了芳香撲鼻的咖啡豆 (shutterstock)

Bottega del Caffé (Sabine Lubenow/JAI/Corbis)

飲品。 威尼斯的第一家咖啡館 "Bottega del Caffé" 在 1640 年開幕，雖然與今天相比規模較小，但卻在當時引起了全城轟動。之後陸陸續續的咖啡館如雨後春筍般出現在威尼斯的大街小巷裡。第一家咖啡館的老闆為了保持原有的生意興隆，突發異想，在咖啡館的門口樹立了一塊招牌，寫出該店的特色飲品，吸引了來往的路人，達到了非同一般的效果，這也許便是最早的咖啡店廣告吧。1720 年在威尼斯開設了世界最昂貴的咖啡館之一佛洛里安咖啡館 (Caffè Florian)：店內光潔如鏡的大理石咖啡桌配上優雅舒適的紅絲絨椅，端著高雅的咖啡杯，悠閒地坐在咖啡館裡，將聖馬可廣場的美景盡收眼底。幾世紀以來，文人朝聖般紛至沓來，英國詩人拜倫、法國作家普魯斯特、美國作家海明威、義大利詩人烏戈・福斯科洛都曾流連於此。

Caffè Florian (Matthias Schrader/dpa/Corbis)

　　到 1763 年截止，威尼斯湧現了二百一十八家咖啡館，經過一百多年的發展，咖啡不再貼有上流社會專用標籤，而是成為一種大眾飲品，並在歐洲逐漸形成了咖啡文化。十八世紀初，咖啡被看做是友誼和愛情的象徵。人們將心形巧克力托盤和一罐罐咖啡作為禮物送給心上人。同時，咖啡也受到文人墨客的推崇，被稱為「文化飲品」，是文化與品味的象徵。隨後這種咖啡文化風靡西方世界，尤其在歐洲的文化大都市倫敦、維也納、巴黎、馬賽更是得到廣泛推廣，如維也納的中央咖啡館，是當時知識分子的聚集地；巴黎的花神咖啡館，作家、畫家、建築師、出版商等都是

充滿童趣的小酒吧招牌

這裡的常客。

　　在義大利，咖啡文化可以說是一種很成熟的文化形式，與其他歐洲國家相比，義大利的咖啡文化來得更濃郁些。每座城市都有上百家咖啡館，其中很多咖啡館擁有悠久的歷史，並見證著一座城市的發展。如羅馬的希臘咖啡館 (Antico Caffè Greco)，內部陳列著大量的繪畫作品，來記錄那些義大利風雲一時的偉大人物，加上各種名貴舊畫、雕飾、藏品，宛如一座博物館。這裡是典型義大利風格的「文學咖啡館」，沒有維也納和巴黎咖啡館的典雅，卻更多了幾分隨意的率真和不羈。1953 年被義大利教育部列為國家歷史景點。那不勒斯的岡布里努斯咖啡館 (Caffè Gambrinus) 是那不勒斯文化生活的中心，作家、音樂家、記者經常到這裡尋找靈感。這家咖啡館至今仍保留著中世紀的風格，大理石廳堂和藝術氣息濃厚的壁畫，將這裡打造成一個交流思想、暢談藝術的文

咖啡館前的偶遇

化場所。人們的生活離不開咖啡,不論走到哪裡都有飄香的咖啡館。走進咖啡館,幾個好友相約而聚,伴著優雅的音樂,歡樂的時光便定格在那個飄香的空間裡;兩個人相對而坐,品味的便是愛情;即使一個人,也可以在咖啡中找到慰藉,品味時光。咖啡不僅僅是一種飲品,和義大利人的生活也息息相關。每天早上醒來的第一件事便是打開咖啡壺,為自己和家人準備一杯摩卡咖啡,咖啡的沸騰聲、濃郁的顏色以及煮好後的香醇,最後再加上一點糖,彷彿完成了從夢想到現實世界的一段奇幻之旅。咖啡是人們以清新的狀態迎接新的一天的最佳方式,是人們休息的伴侶,也是人們大膽暢想那顏色如同咖啡一樣深邃的黑夜世界的時刻。對於他們來說,工作忙碌之餘喝一杯咖啡提神解乏,晚飯後喝一杯

以幫助消化，沒有什麼比這更重要了。

　　咖啡與咖啡館之間的關係在幾世紀以來，隨著社會的發展發生了許多變化，西方的咖啡館由最初文人墨客品嘗咖啡、暢談藝術之地，發展到今天的大眾社交場所，咖啡也漸漸被撕掉了知識分子或貴族的標籤，成為生活中常見且又十分重要的飲品。而在東方，咖啡這種舶來品也日漸被掀起熱潮，被看做是生活品味的象徵。有著優雅情調的咖啡館一時間成為上班族落腳的地方，在「星巴克」或「上島咖啡」，點上一杯咖啡，很多人與其說是來品嘗咖啡，也許更確切地講是來感受迴蕩在空氣的咖啡香氣，抑或追求一種西方情調吧。

　　如今，義大利的咖啡館演變成是一個公共交流的場所，咖啡館內充滿了良好的互動氛圍，走進來，隨便找個位子或直接站在吧臺前，喝一口濃縮咖啡，隨性參與到周圍人的辯論中，發表自

旅行中的小憩

己的觀點、看法，或同咖啡館裡的服務員聊聊周圍的新鮮事兒。即使你不看新聞、不讀報紙，走進咖啡館，和周圍的人聊一聊，從國內到國外，從市中心到小鎮上，在短時間內便可收集到大量的資訊。從早上六點到晚上八點甚至直至深夜，咖啡館幾乎是營業時間最長的公共場所。人們在這裡吃早餐，買午餐的鮪魚三明治，喝晚上的開胃酒，或者與久違的朋友聚一聚。當然，他們也可以在家裡吃早餐，到甜品店內買三明治，去酒吧裡喝雞尾酒，那麼，為何義大利人偏偏對咖啡館如此情有獨鍾呢？有人曾貼切地形容道，義大利人是天生的藝術家，表演與演講是他們的強項與樂趣，而咖啡館便是他們天然的表演舞臺。在這裡，他們無需顧忌繁文縟節、地位尊卑，可以手舞足蹈地與他人談論，暢所欲言，將其豐富的肢體語言發揮到極致。如果說在義大利臉書與推特是最紅的社交網絡，那麼咖啡館則是最紅的社交地點。無論是談論政治、足球也好，電影、時尚也罷，或許內容並非是談話的重點，最重要的是能夠與他人一起討論，分享生活，在表演自己的同時，也觀看別人的表演。

　　義大利人對咖啡有著強烈地依戀，每天大概會喝四到五杯咖啡，清晨很多人選擇在家裡煮摩卡咖啡，也有的去小酒吧吃早點，一杯濃縮咖啡或者一杯卡布奇諾再加上一塊牛角麵包。義大利咖啡的沖泡是一門藝術，其複雜的過程孕育了獨一無二的咖啡文化和不勝枚數的咖啡種類。當然，對沖泡咖啡的工具要求也非常高。走進義大利人的家庭，我們都會發現一個八角形精緻的咖啡壺──摩卡壺。摩卡壺是每個家庭的必備品，如同烤箱、電視機一樣重要。那麼義大利人是如何用摩卡壺製作咖啡呢？每個人對咖啡都有自己的詮釋方式，因此便有著不同的製作方法和步驟。有

經典的比樂蒂 (Bialetti) 摩卡壺

的人使用自來水，有的人使用礦泉水，而水和咖啡粉末的用量也大不相同，就連煮咖啡的火候也十分講究，不過沖泡出來的咖啡卻都有一個共同點——那就是口味醇厚，回味無窮。如果你更喜歡咖啡館裡的氣氛，那麼在種類繁多的咖啡中一定會找到適合你的口味：味道醇厚的濃縮咖啡 espresso、帶有奶沫的卡布奇諾 cappuccino、摻有烈酒的 corretto、加有冰塊的冰搖咖啡 shakerato freddo……。走進義大利的小酒吧，你還會發現一件非常奇怪的事情，大多數義大利人喝咖啡時都是站在吧臺前喝的。來來往往的人路過小酒吧，走進辦公室之前，去超市的路上，總是會停下來走進去喝一杯暖暖的咖啡，聽聽周圍的人談論的話題，或者直接參與到酒吧客人的討論中，甚至看看當日的報紙，這種酒吧的氛圍也許只有在義大利才可以遇到，尤其是早上七點到九點這段時間更為熱鬧，如果想要了解這個國家，古羅馬競技場和佛羅倫斯烏菲齊美術館自然是不可錯過的，但是走進酒吧也一定會讓你感受到義大利的另外一番風情，令你印象深刻。

據最新一項統計，義大利人每年會飲用掉七億杯咖啡。全國

街旁的小酒吧

大約有二十萬家咖啡館,每年咖啡的總銷量平均為三至四億。可見,咖啡的經濟作用不容忽視。咖啡之於義大利人如同食鹽一樣,是生活的必備品。眾所周知,咖啡可以幫助我們提高注意力,減輕精神的壓力,減輕飢餓感,甚至可以減輕因疲憊而產生的頭痛。不過,如同任何一種食物,都要採取適量的原則,如果飲用過量的咖啡,會造成神經過敏以及其他的不良副作用。想必,每個義大利人都了解這一點,他們可以戒煙戒酒,可是對咖啡卻難以說不。咖啡早已深深地滲透到了人們的日常生活和社會文化裡,並深深地影響了義大利人的習慣與思想意識,正如那些傳遍千家萬戶的 "7000 caffè"(七千杯咖啡)、"Cantata del Caffè"(咖啡之歌)

歌曲中所要傳達出的，我們不難發現，原來咖啡是義大利人永不遺棄的愛人。

第二篇

義大利人的節假日

相約狂歡節

義大利的狂歡節是天主教四旬齋前飲宴和狂歡的節日，一般在 2 月或 3 月舉行，每年的日期都不固定。義大利每座城市、每座小鎮都會舉行許多娛樂活動，化妝舞會、花車遊行與面具可以說是每年狂歡節的主題。擁擠的人群、華麗的面具、繽紛的花車、中世紀美輪美奐的服裝……。說到這，你一定想一睹義大利人慶祝狂歡節的場面，體驗戴上面具與當地人一起

威尼斯的華麗面具

「狂歡節歡迎您！」

狂歡的感受。

　　在義大利，每個地方都有各自的習俗和慶祝方式，以威尼斯、伊夫雷亞 (Ivrea) 和維亞雷焦 (Viareggio) 的狂歡節為最。

　　威尼斯狂歡節是世界上最悠久的狂歡節之一。該節日始於十一世紀水上共和國──威尼斯，到十八世紀，狂歡活動盛極一時，全城的人歡聚在一起，不分貧窮貴賤，戴上面具，人與人之間擁有平等的地位，享受歡愉，因此威尼斯也贏得了「狂歡節之城」的稱號。到十八世紀之後，威尼斯共和國逐漸衰亡，狂歡節也逐漸失去活力。隨著旅遊業的發展，狂歡節才終於在 1979 年重放光彩，再次隆重地走上威尼斯的舞臺，其最大的特點便是它的面具和各式各樣的裝扮。

　　與往日船聲燈影裡安靜的威尼斯不同，隨著狂歡節腳步的到來，來自其他城市的人們和外國遊客紛至沓來，為的就是能夠趕

上這一年一度的狂歡。毫無疑問，狂歡節期間遊人成倍增長，尤其是狂歡節的星期天。遊客抵達威尼斯，一出桑塔露琪亞火車站，便會立即感受到這種濃厚的節日氣氛，站前廣場被擠得水泄不通，廣場的一側排著長長的隊伍，為的是請大師將「面具」直接畫在臉上。威尼斯小巷遍布全城，有的大概不到一公尺寬，人們摩肩接踵似乎都朝著一個方向移動著，那便是這座城市的客廳——聖馬可廣場。也許在這裡要找到一條運河或是一座橋需要花上一點時間，但是聖馬可廣場卻可以在所有的指示牌上找到。跟著人群，穿梭在擁擠的小巷裡，時而擠過身旁的是十五世紀的公爵，時而是一個戴著妖怪面具的巨人，而就在不遠的前方則是風流倜儻的卡薩諾瓦（Giacomo Casanova，義大利作家，歐洲著名的風流才子），一張張華麗而誇張的面具和那些奇裝異服令人目不暇接，將整座城市變成了一座巨大的舞臺，人們掩飾起身分，盡情釋放歡樂與激情。

至於伊夫雷亞則是位於義大利杜林附近的一座小鎮。一年一度的狂歡節總會打亂這裡的寧靜。傳說幾世紀前，這座小鎮的一位伯爵總是在居民的新婚之夜裡搶走鎮上的新娘。鎮上的居民對他的惡劣行為忍無可忍，最後將其頭顱砍了下來。從此之後，每年這座小鎮都會舉行橙子大戰，數千人穿著中世紀的服裝來到古老的廣場上，向裝扮成國王和公爵、士兵投擲橙子。被摔爛的橙子象徵著暴君之血和人們對專制統治的反對。如此瘋狂的節日堪數義大利之最，節日期間，全城彷彿被鋪上了一層厚厚的橙子地毯，千橙齊飛，其場面甚為壯觀。

而位於托斯卡尼大區的海濱城市維亞雷焦，其狂歡節則以花車遊行為主，幾十輛緩緩行駛的巨型花車，各種人物齊上陣，在

維亞雷焦的狂歡節遊行
(shutterstock)

往年的節日中，湧現出很多富有創意和諷刺意味的裝扮，例如身穿睡衣的德國總理，裝扮成拿破崙的法國總統薩科奇，化身為超人的美國總統歐巴馬，渾身貼滿歐元的歐洲央行行長，吸血鬼扮相的義大利總理等等，總之彙集了當前的政治、經濟、文化等不同的社會話題，並以其辛辣幽默的風格讓人拍案叫絕。

　　那麼這場全民的狂歡在義大利其他地區是如何慶祝的呢？

　　薩烏里斯 (Sauris) 是一座位於義大利東北部的小鎮，坐落在阿爾卑斯山腳下。該鎮的狂歡節雖然也以面具為主題，但是其面具卻與威尼斯的華麗風格大相徑庭，所有的面具都是用木頭雕刻而成的，當地的居民最終根據視覺指數在所有的面具中評選出最

薩烏里斯奇特的木質面具

引人注目的。 狂歡節當天， 傳說中的兩大傳奇人物 Rolar 和 Kheirar 帶領著鎮上的居民在大街小巷中遊行。Rolar 是惡魔的象徵，戴著黑色的惡魔面具，將寫有名字的標牌掛於腰間，並不斷晃動，「恐嚇」人們立即戴上木質面具。而 Kheirar 則是傳說中真正的面具之王，他衣衫襤褸，手持掃帚到鎮上的人家裡做清潔工作，幫忙掃地，然後與他們一起跳舞。接著再到其他人家，就這樣挨家挨戶一直持續到午夜時分，最後全鎮居民都聚集到樹林裡，圍著篝火，載歌載舞，品嘗當地的特產，並評選出年度最有視覺震撼效果的面具。

莫利塞大區首府坎坡巴索 (Campobasso) 的狂歡節主題則是齊心協力戰勝邪惡的魔鬼。節日的當天早上，人們便開始為假人「魔鬼」進行裝扮，為之披上由六張黑色羊皮製作而成的長袍，戴上一張黑色的面具，於頭頂上方綁好一對紅色的犄角，於是一個手持鐵戟兇殘無比的惡魔便誕生了。裝扮結束後，遊行的隊伍

走上街頭，圍觀的人朝著鐵鏈纏身的假人魔鬼歡呼吶喊。穿過市中心後，便是狂歡節的審判時刻了，人們將「魔鬼」從高處扔下。此時，裝扮成神話裡死神模樣的人物走上前來。其中兩位身穿帶有彩色條紋的白袍，另外三位身著教士黑袍，他們一起到山下找回魔鬼的「屍體」，然後扔到深邃的山谷裡，象徵著「魔鬼」將永遠在地獄裡贖罪，再也不會做惡多端。鎮上的居民湧上街頭歡慶這一好消息，一同暢飲美酒。

阿奇雷阿萊 (Acireale) 的狂歡節被稱為是西西里島最漂亮最盛大的狂歡節之一。每年來自世界各地的百萬遊客都前來參與這場隆重的慶祝活動。高達二十公尺，長約十八公尺的巨型花車和戴著各式面具、身著節日服裝的人們穿過矗立著十八世紀宮殿和巴洛克式大教堂的古城區，龐大的遊行隊伍將整個節日氣氛推向高潮。在狂歡節期間，每個人都必須戴上面具，畢竟忘記生活中的煩惱，取消等級之分，摘下生活中偽裝自己的面具，扮演自己所喜愛的角色，盡情狂歡才是節日的主題。另外，每年狂歡節的開幕式都會選出當地的狂歡節女王，並邀請來自世界各地的著名樂團前來演奏，同時還有專門為孩子們準備的精彩活動：兒童面具比賽、兒童花車展、學校團體表演、國際象棋比賽等等，總之對於西西里島居民，狂歡節是最令人期待、最激動人心的節日之一。

提到歐里斯塔諾 (Oristano) 狂歡節，可以說是當地最具有民間特色的節日之一，以賽馬為特色，是薩丁尼亞島上最重要的狂歡節。薩丁尼亞島距離義大利半島西海岸二百公里，是一座位於法國、西班牙和非洲海岸之間的小島，在四百多年的西班牙殖民統治期間，該島大量地吸取了西班牙文化，因此當地很多習俗都

富有西班牙特色。據記載,於十三世紀中葉歐里斯塔諾賽馬節從西班牙引入,最初只是小規模的貴族巡遊,後來發展成展示民間服飾與習俗的全民性節日。歐里斯塔諾狂歡節在義大利語中為 "Sartiglia",源於拉丁語,有鐵環、運氣之意。這一詞語恰恰體現了該節日的傳統與特徵,所有參賽的騎手們手持長劍、戴著面具、騎著馬,如果在奔跑過程中能夠將長劍穿過掛在高處的星星狀鐵環中便是最後的贏家。這不僅需要極高的騎馬技能,自然還要憑一些運氣。歐里斯塔諾狂歡節不只是重現中世紀的盛大賽馬場面,或是一場單純的馬術表演,更非突出展現騎手的勇敢精神,而是融合並傳承了幾百年的薩丁尼亞島的傳統與文化。按照習俗,騎手參加比賽之前,將舉行神聖的著裝儀式。當地的未婚少女在廣場中間為他們穿上特有的民族服飾,戴上人馬面具。著裝完畢後則意味著他們要一直騎在馬上,直到比賽的最後一刻才可以下馬。騎手將長劍穿中鐵環時,頓時把廣場上的節日氣氛推向高潮,所有的圍觀者齊聲叫好,熱烈鼓掌慶祝。最後由勝出者帶領所有的騎手穿過古城區、主教堂以及中心街道,向人們展示其精美絕倫的薩丁尼亞島服飾及精湛的騎馬技術。來自薩丁尼亞島各地的人們將前進的隊伍圍得水泄不通,人們向騎手們灑著花瓣和彩紙,並在一片片的歡呼聲中結束這一隆重的節日。

　　節日並非僅是孩子的專利,在狂歡節期間,每個人都可以像孩子一樣盡情狂歡,忽略成人世界的煩惱,除了宗教原因與民間的傳統之外,也許這也是很多義大利人對狂歡節鍾愛有加的原因之一吧。

義大利人的傳統度假勝地──
海濱？山上？

每一年義大利人都必然會向自己或者家人提出這樣一個問題：今年，我們去海濱還是山上度假？

義大利人一直有著度假的傳統，每年外出的人數高達四千一百萬。對於一個擁有六千萬人口的國家來說，這個數目足以說明人們對度假的重視。考慮到經濟狀況，也許有些人會縮短行程的安排，但是外出度假卻絕對不可取消。因為短暫的旅行可以讓人們暫時性地離開日常生活的環境，改變生活中一貫的節奏，逃離繁忙的日常瑣事，放鬆心情，享受真正的生活和家庭的歡樂。短暫的休假有著如此神奇的治療性功效，難怪人們對之如此渴望，即使一貫勤儉節約的人對於度假也絕對不會心疼自己的錢袋，這也算是對自己身心的一種投資吧！

節日裡外出度假遊玩無疑是大部分義大利人的慶祝方式。義大利的節日可分為宗教節日、非宗教節日及地方性節日，而其中很多重要的節日都與宗教有著密切的聯繫。例如，我們所熟知的聖誕節自然是最隆重最盛大的節日，一般節日持續一至兩週，從12月23日放假至元旦後甚至到1月6日主顯節之後。另外一個旅遊黃金週便是八月節，即聖母聖天節，人們通常會在此節日期間休息二至三週。除此之外，當然還有一些大大小小的節日，如4月25日解放日、6月2日國慶節、5月1日勞動節、12月8日

的聖母受胎節等等。節日期間很多公司、政府機構和辦公室都會停止辦公，商店、超市也會縮短營業時間甚至歇業。每逢節日，各大城市頓時間一片寧靜，彷彿變成了一座座空城。人們暫時性地脫離了繁忙的工作，走出擁擠的都市，和家人們一起外出郊遊。

義大利人喜歡自由自在，喜歡享受無憂無慮的假期生活。但是由於國民普通的英語水準在整個歐洲處於中下，因此，他們喜歡去義大利的其他城市，而如果選擇到國外旅行，則通常會參加旅行團。到國外旅行自然可以體驗異域風情，品嘗異國美味，可是很多義大利人卻彷彿是被寵壞的小孩子，習慣了清晨醒來後的濃縮咖啡，道地可口的披薩以及無數美味的義大利料理，因此他們總是需要更多的時間去適應外地的飲食習慣。

熱情的義大利人喜歡家庭氛圍，喜歡結交朋友，性格活潑開朗，社交能力強，因此即使在國外他們也不會感到人地生疏，而是會很快入境隨俗，與當地人或其他遊客結成朋友。人們在假期中除了外出度假之外，還有一項重要的安排，那便是探親訪友，因為對於家庭至上的義大利人來說沒有什麼比和親人們保持聯繫更重要了。尤其是移民義大利北方的南方人，可以藉機返回故鄉探望親人。義大利人可以說是一個傳統的民族，一向重視節日並有著深厚的家庭觀念，其傳統之處還在於他們對度假勝地的選擇上。據近期統計，百分之七十一的度假者會選擇舊地重遊，甚至入住同一家旅館。關於度假目的地的選擇，影響人們選擇在義大利境內旅遊還是去國外度假的因素很多。通常對外語熟稔、精力旺盛、時間充足，喜歡體驗新事物的年輕人們會選擇到國外旅行。而一部分人則傾向就近，尋找一座安靜寧和、風景優美的小城，與全家人或朋友一起駕車出行，方便又省時，當然最主要的還是

Italy

義
大
利
人
的
傳
統
度
假
勝
地
——
海
濱
？
山
上
？

在欣賞風景的同時，可以和家人朋友們一起享受悠閒的時光，還自己一份閒情逸致。

　　從 1940 年代至今，義大利人的出行方式和度假地點發生了日新月異的變化，當然這和義大利經濟的發展有著不可分割的關係。1861 年義大利統一後，經過八十五年的君主統治和兩次世界大戰的洗禮，於 1946 年義大利舉行全民公決，廢除國家君主制，建立議會共和制。從此，義大利便走上了經濟復蘇之路，戰後的義大利為適應國際市場的變化，政府不斷調整經濟政策，在短短的十幾年內經濟迅速得到復蘇，並逐步向後工業化社會過渡，擴大第三產業，尤其是旅遊業的異軍突起，更是成為國民經濟中的主打產業。據世界銀行資料顯示，到上世紀末，義大利國民生產總值在世界排名第六。隨著經濟的發展，人們的物質需求得以滿足的

度假勝地斯佩隆加 Sperlonga (shutterstock)

同時，對精神文化的需求也日益高漲，而旅遊隨之成為人們豐富精神生活的一種廣受青睞的方式。從二戰後到 1950 年代中期，義大利工業開始慢慢復興，人們對於個人交通工具的渴望也與日俱增。而這一時期，汽車還不是交通體系中的主角，而是價格相對低廉的摩托車。在電影《羅馬假期》(Roman Holiday) 中，葛雷哥萊·畢克和奧黛麗·赫本騎著小摩托車穿梭於羅馬的大街小巷，這浪漫的一幕打動了所有的觀眾，彼時，這輛偉士牌摩托車 (Vespa) 也走進了千家萬戶，成為義大利人最重要的交通工具。隨著以飛雅特為代表的義大利汽車工業的恢復，和人們對更加舒適便捷的交通工具的渴望，終於在 1957 年飛雅特汽車公司成功上市了一款改變歷史的飛雅特 500。這款車成為了一個時代的符號，它走進了人們的日常生活，給更多的民眾帶來便利，同時也改變

《羅馬假期》中葛雷哥萊·畢克與奧黛麗·赫本騎著偉士牌摩托車的經典畫面 (John Spinger Collection/ CORBIS)

了人們外出旅遊的交通方式。節假日期間，在各大高速公路上隨處可見家庭轎車的身影，由於車內空間較小，人們將行李箱放置於車頂，看起來彷彿是一輛輛二層轎車。1980年代，旅遊拖車開始取代小型家庭轎車，旅遊拖車的興起不但解決了行李多而無處安放的難題，同時車內備有臥室、廚房、廁所，為旅行帶來了更多的便利。1990年代後，旅遊拖車升級，露營車開始進入市場。除了齊全的設備之外，車身縮小，使停車更為便捷。當然，乘坐火車或者飛機也是廣受歡迎的旅行選擇。尤其是近年來不斷湧出的高速火車以及瑞安航空公司 (Ryanair) 推出的廉價機票，更是進一步地簡化了人們的出行。

有了便捷的交通工具，剩下需要考慮的便是「寒暑假」期間到哪裡度假了。其目的地一般可以歸納為三類：第一類屬於傳統式的，人們探親訪友，回故鄉與家人一起過聖誕或新年。義大利民族統一的歷史較為短暫，統一過程中地緣政治的拼湊方式及統一後地方主義根深蒂固的觀念，都造成了義大利淡薄的民族觀念與濃厚的鄉土觀念。在義大利，人們傾向於把自己看做是米蘭人、威尼斯人、佛羅倫斯人、西西里島人等，然後才是義大利人。有句義大利俗語這樣說道：「每一條街上的教堂鐘聲都值得珍愛」，這句話貼切地表達了對自己家鄉的熱愛。義大利國土面積只有三十萬平方公里，可是每個大區甚至是每座城市、每座小鎮都有自己特有的傳統、歷史、風味小吃以及地方方言。因此故鄉對於義大利人來說有著特殊的涵義，在節日期間能夠回到故鄉與親人團聚，無疑是慰藉鄉愁的良方。

第二類則是地中海式的度假，義大利有著綿延八千公里的海岸線、柔軟潔淨的沙灘，不出國門人們便可領略夏日的激情。熱

薩丁尼亞島湛藍的海水 (shutterstock)

西西里島的優美景致
(shutterstock)

卡布里島的海濱風光 (shutterstock)

愛陽光與沙灘的地中海人自然不會錯過那陽光充足、海風輕柔的海岸，如義大利南部風景秀麗的西西里島、海天相間世外桃源般的卡布里小島、兼具西班牙與薩丁尼亞民族風情的薩丁尼亞島等。當然，也有很多人選擇到國外度假，無論是加勒比海岸上還是杜拜豪華酒店的私家游泳池邊都會看見義大利人的身影。

另外一類則與聖誕節的主題緊緊相扣，那便是前往體驗冰雪世界。白雪皚皚的「歐洲脊樑」阿爾卑斯山脈，為滑雪愛好者提供了最佳的場所，同時將義大利北部造就成了一座滑雪天堂。遊客不僅可以盡情欣賞阿爾卑斯山的壯麗景色，也可以參加攀冰、健行、熱氣球旅行、滑道等很多充滿動感的特色冬季活動。參加完激情釋放的運動之後，還可以在度假村的溫泉裡舒服地伸展一下筋骨，享受悠閒度假的樂趣。山上如畫的風景和清新的空氣讓人們充分地感受到大自然的魅力，因此每年據統計都會吸引八百

義大利滑雪勝地利莫內皮埃蒙特 Limone Piemonte (shutterstock)

多萬的義大利遊客前往。無論是
專業的滑雪高手，還是滑雪初學
者，都能在阿爾卑斯山間尋獲激
情，感受樂趣。義大利有三座山
脈：穿越義大利南北的亞平寧山
脈，位於東北部的多洛米蒂山脈
以及與法國、瑞士和奧地利接壤
的阿爾卑斯山脈。這些大大小
小的山脈是天然的滑雪勝地，加上
度假村提供堪稱歐洲頂級的設
施和一流的服務，因此受到熱愛
到山上度假的人們的推崇。登到
高處遠望，便可欣賞到美麗的山
谷景色， 以及那精緻的山間小

在白朗峰滑雪 (shutterstock)

屋。另外如拓法內山峰、科羅大達拉果山峰、五塔峰、克里斯塔
羅山、索拉皮斯山，這些山峰每年吸引了全世界無數的登山和健
行愛好者紛紛前來，欣賞完山色，還有美麗的湖光，沿著山間小
路，便可發現隱藏在多洛米蒂山脈中心處的那顆真正的明珠——
葛迪娜湖。隱隱約約藏在山林之中，彷彿是一顆置在首飾盒中的
翡翠，山間木屋環繞四周，被有趣地稱為是「加拿大一角」。而位
於法國和義大利交界處的白朗峰 (Monte Bianco)， 在義大利文中
意為白色的山峰，其海拔高度為四千八百六十一公尺，是歐洲的
最高峰。這裡曾經舉辦過第一屆冬季奧運會，是冬季運動愛好者
的天堂。另外還有二十五座國家級公園，是人們親近探索大自然
的最佳去處。因此，熱愛旅遊的人們即使對旅遊的目的各有不同，

Italy

義
大
利
人
的
傳
統
度
假
勝
地
—
海
濱
？
山
上
？

那不勒斯港灣（上）與那不勒斯海岸外的小島普羅西達 Procida（下）
(shutterstock)

也都能在白雪皚皚的山間感受絕美的景色，體驗不同的度假方式。

　　1950 年代，戰後的義大利剛剛掀起旅遊熱潮，外出度假還僅
僅是一部分富人的消遣，同時也是結識名流政客的絕好機會。而
在旅遊景點的選擇上也頗有局限，如獨具鄉村風情的托斯卡尼大
區、水都威尼斯、依山傍海的五漁村、令人心醉的卡普里島以及
歐洲迷人的阿馬爾菲海岸都是富人度假的首選勝地。

1960 年代的「經濟奇蹟」使人們脫離了戰後的貧困，使旅遊也更加全民化。二百多萬義大利人加入了旅遊度假的行列，遊客的增加促使旅遊業改變傳統的經營模式，不斷優化服務系統，並逐漸開闢新的風景區域，例如義大利東北部的亞德里亞海岸、第二大島薩丁尼亞島的斯梅拉爾達海岸、中部的亞平寧山區等等，為出行的人們提供了更多的選擇。另外，與此同時，富人們也展開了對未知景點的探索，其中包括義大利最南端的地中海明珠——西西里島以及風景如畫的那不勒斯港灣。

從 1970 年代至今，旅遊已經不僅僅是一種時尚，而是逐漸變成了一種生活的「必需品」。隨著旅遊市場對外開放的擴大，義大利休閒經濟產業也在不斷地呈上升趨勢。三面環海的特殊地理位置，優越的氣候條件，以及不計其數的文化遺產，給義大利人發展旅遊業提供了堅實的基礎。海濱旅遊、生態旅遊、山區旅遊、歷史名城遊、美食遊、購物遊等繁多的旅遊項目豐富了義大利人的選擇。當然，傳統的海濱旅遊仍是很多人的首選。熱愛大海的人們與家人在沙灘上一起享受日光浴，感受沙灘的細膩、海風的摩挲和海水的輕柔。日落後伴著海浪聲看著日落，然後享受美好的夜晚。那樣的情景彷彿是度假中最具代表性的畫面。而我們不禁要問：這種傳統的度假方式代表了一個民族的文化、一個家庭的歷史、個人的經歷與回憶，以及義大利人的生活理念和追求，會隨著時代的變遷而變化嗎？或許早就在不知不覺中深扎於義大利人心中，成為生活中不可取代的一部分。工作是為了生活，而生活卻不只是為了工作，義大利人藉度假之機為自己開一個小差，也是這個民族樂觀對待生活最好的證明吧！

義大利城市的守護神

梵蒂岡是世界上最小的主權國家，這樣一個僅有五百多人的國家，卻在宗教、政治、經濟上擁有著世界性的影響力。梵蒂岡是一個國中國，位於義大利的首都羅馬境內，可以說與義大利的心臟緊密相連。義大利是一個傳統的天主教國家，西元四世紀基督教在義大利開始廣泛傳播，1929 年教皇國與法西斯政權簽署了《拉特蘭條約》後，從此教皇國便退縮到羅馬境內，另外，該條約規定天主教宗教課為義大利公立學校的必修課，並承認天主教為義大利國教。一直持續到 1984 年，當時的總理克拉克西在此條約的基礎上與教廷達成協議，簽訂了修改條約，廢除了天主教在義大利的國教地位，但是義大利與宗教的關係卻始終密不可分，迄今為止百分之九十以上的義大利人信仰天主教。

義大利歷史文化與天主教一直有著密切的關係，宗教對社會生活及節日習俗的形成也產生了十分重要的影響。除了我們所熟知的宗教節日如聖誕節、復活節、聖母受胎節等，還存在大量的守護神節日。義大利的每座市鎮都有自己的守護神，在義大利語中守護神一詞 "patrono" 源於拉丁語 "patronus"，即庇護者，父親的意思。天主教教會委派一位特殊的信徒守護他所在的城市，因此「守護神」並非所謂的神靈，而是守護一座城市的使者。處於困境中的信徒們期望自己的守護神幫助他們代禱，以求得上帝的恩賜與憐憫。幾世紀來這些守護神廣行善事，造福一方百姓。百

位於梵蒂岡的聖彼得大教堂是世界最大的天主教堂 (shutterstock)

姓為感念守護神之恩德，故每年舉行特定的紀念活動，學校、政府辦公機構和企業等均於節日當天放假一日共同慶祝。無論大城還是小鎮都有自己的守護神節日，而各地守護神節的日期和慶祝方式各不相同，因此形成獨具特色的地方性節日。

　　每年 7 月 14 日，人群摩肩接踵地湧到了西西里島的首府巴勒莫市，這座安靜的地中海城市剎那間沸騰起來，這一天是巴勒莫市的守護神聖羅薩利亞的節日 (Festa di Santa Rosalia)。

　　聖羅薩利亞在 1624 年成為這座城市的守護神，當地的人們為了感謝她把市民們從瘟疫中解救出來，便抬著聖人遺留下的骨骸到市中心遊行，以此悼念。十七世紀瘟疫在巴勒莫市肆虐蔓延，當時民眾抬著聖羅薩利亞的遺骸環城一周後，瘟疫便消失了，從那次遊行之後百姓們再也沒有受到瘟疫的侵襲。於是，守護神節成為這座城市的一個重大民間節日，也被當地人稱作「宴會」。該

節日前後持續五天，期間人們舉行盛大的宗教儀式和各種演出活動等。節日的高潮無疑是在 7 月 14 日的晚上，巴勒莫大教堂裡的精彩演出結束後，人們開著壯觀的花車沿著 Vittorio Emanuele 大街，在樂隊的伴奏下緩緩前行，穿過市中心和無數條石子路，最後抵達翁貝託一世廣場遺址。廣場上人山人海，盡情暢飲葡萄酒，然後觀看美麗的煙火表演和精彩的樂隊演奏。璀璨的煙火照亮了這座地中海城市的夜空。壯觀的花車是節日的標誌，節日的靈魂，也是慶祝活動的主題。那些戰船式的花車，一層一層，高達幾十公尺，最頂端矗立著聖羅薩利亞守護神的神像，其高難度的建築結構設計無疑體現了當地手工匠和藝術家們的高超技術水準。很多人認為這個節日不僅表達了巴勒莫人對守護神的敬仰及對城市的熱愛，也展現了巴勒莫一度輝煌的城市發展史。近些年來，守護神節被賦予了一層新的寓意，人們希望像守護神消除瘟疫的肆

巴勒莫大教堂外的聖羅薩利亞雕像（Will Collin 提供）

虐一樣，消滅作惡多端、獨霸一方的黑手黨。多年來巴勒莫的守護神節逐漸演變成一種文化活動，吸引了各界知名人士的參加。這種變化擴大了舉辦的規模，當地人和不計其數的外界遊客也參與到這一盛大的節日慶祝活動中。

與西西里島隔海相望的便是享譽世界的那不勒斯海港，這是一座充滿快樂和活力的城市，而沉浸在節日中的那不勒斯更是熱鬧非凡。每年的 9 月 19 日是這裡的守護神聖熱內羅的節日 (Festa di San Gennaro)。

傳說西元 305 年聖熱內羅神奇般地治癒了一位那不勒斯同鄉，被羅馬皇帝戴克里先知曉後，認為其使用妖術，是基督教的異端，因此將之處死。那不勒斯人為了紀念他為當地百姓所做的貢獻，將其供奉為該城的守護神。聖熱內羅被處死後，一位名叫艾烏塞比亞的人用兩個細頸瓶保存了聖人的凝血，今天這兩個聖瓶仍被保存在那不勒斯大教堂內。令人不可思議的是每年的 9 月 19 日、12 月 16 日和 5 月的第一個星期六，這兩瓶凝血都會定期地溶解。因此守護神節當天，神父和成千上萬的那不勒斯教徒一同聚集在主教堂祈禱聖熱內羅的血變成液體，血液的溶解預示著城市的繁榮發展。血液溶解的那一刻將節日的氣氛推向高潮，人們歡呼著、祈禱著，期盼聖人為這座城市帶來好運。傳統的慶祝活動通常有較固定的程序：上午八點四十五分打開密鎖的聖物櫃，將存有血液的聖瓶取出；九點紅衣主教宣布儀式開始；九點十五分教徒與紅衣主教一起祈禱。當眾人一起見證奇蹟的發生後，便會從蛋形城堡發出炮響告知全城。夜幕降臨，那不勒斯沉浸在一片沸騰的歡樂海洋中，人們從四面八方來到市中心的廣場上，伴著音樂跳起那不勒斯的民族舞蹈。聖熱內羅在海外也享譽盛名，

每年紐約的小義大利（即義大利居民區）也會慶祝這一節日。莊嚴的儀式隊伍穿梭於主要街區，歡快的音樂和各色小吃甜點，即使身在海外也一樣能感受到節日的氣氛。

另外一個守護神節也許沒有聖熱內羅守護神節那樣享譽國際，但是其活動規模卻是不容小覷，那便是 8 月 14 日的聖女阿松塔守護神節，對於薩丁尼亞島北部的薩薩里市民來說其重要性不亞於聖誕節。

關於該節日的由來，傳說於十四世紀聖女阿松塔拯救了瘟疫橫行的薩薩里市，市民們為了感激聖女，每年特此舉辦燭臺節，中世紀各大行會的隊伍穿著傳統華麗的薩丁尼亞島服飾，舉著偌大的燭臺在市中心遊行，以表感恩。燭臺節是當地最為傳統的節日之一，慶祝活動從下午開始進行一直持續到半夜。市中心的廣場上紛呈的歌舞和鼓樂表演伴著各大行會的燭臺表演，掀起現場一波接一波的高潮。每年這裡都匯聚了來自義大利各地的大量遊客前來參加這個隆重的節日，就連國家電視臺也會直播節日的盛況。下午四點，各大行會的參加者都聚集在城堡廣場 (Piazza Castello)，六點十五分遊行的隊伍準時出發，此時的 Vittorio Emanuele 大街彷彿是一座露天的劇場，遊行的隊伍有序的排列著，走在最前方的是鐵匠行會，緊接著便是徒步朝聖者、農民、木匠、瓦匠、裁縫，排在隊伍最後的是莊園主行業協會。排列的順序顯示出幾個世紀前各種行業的社會地位，排在後面的行會則是享有較高的社會地位，這也說明這裡曾經是一個以農業為主的區域，莊園主行業協會代表著擁有土地的資產階級，有著雄厚的經濟實力。肥沃的土地和無垠的草原是這裡成為義大利優質羊奶酪的重要產區，直到今天這個行會在當地的經濟發展中一直占據

著至關重要的地位。不同行會的著裝也不盡相同：地位顯赫的莊園主則披著精緻的花邊斗篷，身穿西班牙式外套、黑色及膝短褲和黑色長襪，佩戴白色手套。裁縫師的節日盛裝由黑色燕尾服、金絲緞面背心、白襯衫、黑色手套和蝴蝶領結組成，並佩戴長劍。而鞋匠的禮服則分別是黑色燕尾服、白襯衫、法式三角帽、紅色的錦緞背心、黑色蝴蝶領結和手套，身佩馬刀。古老的瓦匠行業代表則身穿華麗的黑色燕尾服、白襯衫、黑色手套和蝴蝶領結，佩帶雕有花紋的長劍。幾世紀前農民在當地經濟發展中起著重要的作用。他們居住在市郊，種植蔬菜和糧食作物，滿足了所有市民的食物需求。因此農民行會有著較高的社會地位。他們身著白色花邊的披肩，佩戴銀飾腰帶、黑手套和一把短劍。木匠主要從事著雕刻和木器製作，教堂裡祭壇和城市中建築都是由他們完成的，因此也是一個受人尊敬的行業。節日中他們身著黑色燕尾服、白襯衫、黑色手套和蝴蝶領結以及藍色錦緞背心。徒步朝聖者的隊伍由貿易商和小販組成，他們身穿十七世紀風格的外套，銀扣腰帶，佩戴短劍和白色手套。鐵匠行會的遊行隊伍是走在最前面的隊伍，然而卻是最後走進教堂的一隊。他們的節日服裝具有西班牙風格，身穿披肩、外套以及黑色的帽子和蝴蝶領結。各個行會雖然著裝不一，但是這種不同主要體現在細節上。

　　所有的遊行隊伍經過市政府前時，人們都舞動燭臺向市長致敬。市長高舉酒杯與市民共飲慶祝，之後與市政府的所有官員一同走到群眾當中與民同樂。同時，也預示著即將掀起節日的高潮，如果市民們對當局滿意的話，則向市長和所有官員致以熱烈的掌聲和歡呼聲以表稱讚，相反，如果當局的政策和管理方式不當，市民們將圍著所有官員向他們砸番茄和雞蛋，以表示他們的憤怒

和不滿，因此，守護神節對於這座城市來說也是市政府探測民意的大好機會。所謂「天高皇帝遠」，但用在這裡卻似乎有些詞不達意，雖然這座城市並非是義大利的經濟中心或是重要的交通樞紐，但其民主程度的確是有些令人意外。遊行的隊伍最終抵達瑪利亞大教堂，所有人舉著燭臺跳著薩丁尼亞島的民族舞蹈，和當地市民共同分享節日的喜悅。守護神節是一個全民的節日，是宗教精神和薩薩里市靈魂的完美結合，各行各業的廣泛參與是該節日的一大特色。

幾百年前的小村莊發展成今日擁有百萬人口的大城市，但這些傳統的守護神節仍然是當地的重大節日。儘管舉辦節日的費用皆需小鎮居民自己承擔，但人們仍不厭其煩，年復一年地將這些歷史傳統傳承下去。如果你去義大利遊覽時碰巧趕上這些守護神節，不妨也參與其中，也許你會從另一個角度體會亞平寧半島上的居民生活，感受虔誠的教徒們向善的心靈和宗教的神聖意境。

義大利民間節日

當很多行為、觀念成為大多數人約定俗成的習慣時，遂成為一種習俗，其中部分習俗則以民間節日的形式保存下來。民間節日代表了地方的特色，也是本土文化的一個載體。無論大城還是小鎮，義大利每年都有數不清的民間節日，文化娛樂活動、集市、美食展、飲酒會等種類繁多的活動，無疑是了解當地文化和民間特色的一大窗口，同時民間節日也是推廣當地文化、吸引外地遊客、促進當地經濟發展的一個重要渠道。當然，節日的規模也各不相同，有些規模較大的民間節日裡，前往參加的還有許多外國遊客，而地方性的節日，參加的大多是當地居民。那麼義大利究竟有多少個民間節日？迄今仍沒有準確的記載，2011年義大利統計局公布義大利共有八千零九十二個市鎮，可以說每個市鎮都有一個甚至多個自己的民間節日，因此恐怕難以計算其數量。

筆者下面以四種傳統節日為例，簡單介紹義大利不同的民間節日習俗，進以了解其市鎮的文化歷史。

阿爾巴是皮埃蒙特大區的一座小鎮，每年10月都會在這裡舉行一年一度的阿爾巴白松露節。這裡擁有世界上品質最好的白松露，舉辦八十多年來，吸引了世界無數頂級美食家前往這裡找尋松露，品嘗這種珍稀美味。白松露屬於一種地下塊菌，松露顏色不一，對生長環境非常挑剔。松露一直被認為是食材中的極品，

阿爾巴白松露節 (Alamy)

十八世紀時松露便受到王室貴族的推崇。另外，白松露僅在朗格、羅埃洛、蒙法拉托區域生長，品種稀有，價格不菲，堪比黃金。毋庸置疑的是這種美食並非用來填飽肚子的，僅需米粒般的一點點，便能散發出誘人的芬芳，創造出無法比擬的味道。

隨著白松露節的到來，小鎮裡變得熱鬧起來，人們以各種展覽和品嘗會的形式慶祝節日的到來。全城的市民和外地遊客齊聚一堂觀看生動的中世紀場景表演：變魔術的、吞火的、斜眼的巫婆、走來走去的家禽，場面甚是有趣。市中心的古城區內人來人往穿梭於傳統的集市中，流連於各個攤位。市中心的餐廳及小吃攤位在節日期間全天營業，為顧客提供當地的特色小吃，促進當地文化的推廣。

很多民間節日都和美食有著密不可分的聯繫，特雷寬達小鎮便是一例，每年這座僅有一千三百個居民的小鎮都舉辦以特級初榨橄欖油為主題的節日。這座小鎮位於比薩市郊，所在的托斯卡尼大區一向以葡萄酒和橄欖油享譽世界，而特雷寬達小鎮出產的橄欖油更是口味香醇，可以說是地中海式飲食所推崇的最佳食用

油。區區小鎮何以產出義大利最優質的橄欖油？也許這是前來此地遊客心中的一大疑問。答案很簡單：當地的村民對橄欖有著特別的感情，他們堅持採用古老的栽培技術，精心呵護橄欖樹，再加上當地多風乾爽的氣候，這些得天獨厚的條件孕育了橄欖樹，得以榨出純天然的橄欖油，其中百分之五十的原產地保護特級初榨橄欖油和產區認證特級初榨橄欖油這兩種高質橄欖油皆產於該地區。

　　橄欖節通常在金秋 10 月舉辦，徒步活動是每年節日裡的固定項目，人們行走於如畫的山間小路之中，路過那成片的橄欖園與葡萄園，最後抵達城堡目的地。欣賞完山間的美景後可到城堡內觀看托斯卡尼風景題材的畫展。夜幕降臨，鎮上的所有居民都聚集到當地劇院，一起唱著民歌、跳著托斯卡尼大區的傳統舞蹈。最後便是節日主角上場的時候了。人們一起品嘗美味的烤麵包，這種麵包看似製作簡單，可是只有在這裡才可以品嘗到如此道地的烤麵包：厚厚的麵包片烤好後放一點點的蒜，然後淋上一圈這裡獨有的純天然特級初榨橄欖油，熱氣騰騰的烤麵包與橄欖油香

托斯卡尼民間節日中的特色攤位

氣充分融合在一起，吃起來令人回味無窮。除此之外，還有另一道節日特色菜──蔬菜濃湯，這道湯也是托斯卡尼大區的道地美食，該湯以紫甘藍、托斯卡尼硬麵包、四季豆和橄欖油為原料，在製作上，火候十分重要，需要經過多次熬製而成，湯汁濃厚，味道鮮美。這個節日的規模雖小，可是每年都有不少重量級的人物前來參加。2011 年法國影帝傑哈德・巴狄厄 (Gérard Depardieu) 就曾前往小鎮度假，藉以感受鄉土民風。這座位於山間的托斯卡尼小鎮，以其優美而寧靜的田園風格、保存完好的中世紀建築和純天然的地方美味每年吸引了無數遊客前往感受中世紀的味道。

　　暢遊於義大利數不盡的民間節日中，頗有看頭的還有坎帕尼亞大區的奶酪節。每年 5 月初這個節日都會在帕埃斯圖姆 (Paestum) 小鎮舉辦。坎帕尼亞大區是義大利最知名的奶酪生產大區，其中生產的奶酪主要有兩類：一類是由鮮牛乳製成，被稱為牛乳奶酪 "mozzarella fior di latte"，而另外一類則使用水牛乳，故名曰正宗水牛乳奶酪 "mozzarella di bufala"，輕輕將其切開，從中便流淌出濃厚的水牛乳汁。香濃可口的純白水牛乳奶酪被稱為「白

mozzarella 乳酪
(shutterstock)

帕埃斯圖姆的圓形劇場及雅典娜神殿遺跡 (shutterstock/Michael Tomasello)

金」或者餐桌上的「白珍珠」，也是地中海式飲食中的「王后」。這種奶酪品質優良，價格昂貴，在品質和味道上有別於其他奶酪品種，而 mozzarella di bufala campana 這一品牌更是被稱為奶酪中的極品。為期三天的奶酪節，吸引了來自各地的廚師和美食專家前來品嘗道地的奶酪。在傳統的奶酪作坊裡，主人向來自各地的遊客介紹製作奶酪的程序，揭示製作新鮮奶酪的祕方。另外在小鎮上的展廳裡還可以品嘗到當地的特色美食，奶酪、火腿以及各種坎帕尼亞大區的甜點。

帕埃斯圖姆不僅是品嘗優質奶酪的好去處，也是一座歷史小鎮，其創建史可以追溯到遙遠的西元前 600 年，由希臘殖民者創建而成。今天穿梭於小鎮之中我們仍然可以看到歷史的痕跡，這裡是義大利最迷人、最具有歷史價值的考古遺址之一，每年奶酪節期間，吸引了無數遊客流連於古老的希臘神殿和圓形露天劇場之中。這裡也為人們提供了接近大自然的最佳條件，乘著旅遊觀光車在這座小鎮的奇倫托和迪亞諾河谷國家公園裡漫遊，欣賞著迷人的風景，感受著大自然的魅力。

5 月初除了南方的奶酪節，還有另外一個民間節日值得親身體驗，那便是札塔莉亞 (Zattaglia) 的野豬節。札塔莉亞是拉文納市管轄內的一座小鎮，小到驚人，因為這座小鎮僅有五十個居民，可是在節日期間，每天前來的遊客卻達一千多人。節日的前幾天，

熱鬧的梅拉諾 (Merano) 民間節日

所有的當地居民便開始忙碌地進行節日的準備工作，布置可容納
一千二百多人的宴席，到森林裡捕捉野豬，準備各種美食。節日
當天，所有的食物都以野豬肉為基本食材，野豬肉醬義大利麵、
野豬香腸、野豬肉醬玉米糊。製作如此鮮嫩的野豬肉有一個傳統
的祕方，便是加上葡萄酒和各色香料用文火燉製二十多個小時，
最後加入白蘭地和新鮮的番茄醬收汁，其味道不可言喻。除了品
嘗美食，人們圍聚在一起載歌載舞，即使是外地遊客，也會受到
當地人的熱情款待，並結成朋友。

　　民間節日之所以保留著最原始的色彩，並在義大利人的生活
中仍然占據著重要的地位，也許這要從民間節日的起源說起。在
遠古農業時期，為了團結鄉鄰關係，祈求好的收成，答謝神靈的
保佑，農民要舉行盛大的慶祝活動，以期待來年的豐收。這些活
動不僅是當地居民喜慶豐收的節日，也是人們社交遊樂的節日。

在節日當天村民們拿出自家豐收的果實和村民一起分享，相互交流生活、生產經驗。這些民間習俗一輩輩得以流傳和繼承，原汁原味地再現了幾世紀前的生活情形。這些民間節日屬於全民性的，沒有社會地位等級之分，所有人都可以參加，透過品嘗傳統的美食，參與民間的慶祝活動，使這些傳統習俗成為地區文化中最具代表性的元素，在鄉村城市化的今天得以傳承。傳統習俗和具有當地特色的活動吸引了社會不同角色的人齊聚慶祝。

近三十年來，民間節日得到了更多的重視，農民也相應成為一個備受關注的群體。食品生產的工業化使人們在選擇食材上有了許多新的要求，特色、純正、自然、新鮮成為食材選擇環節的重中之重。民間節日為人們提供了一個接近傳統美食的平臺，人們圍坐在攤前，品嘗著攤主親手準備的美食。節日中的小鎮熱鬧非凡，各種小吃、甜點、古玩、民族服飾應有盡有。多種多樣的娛樂活動使人們有更多的選擇，老人們品著美酒，玩起義大利式紙牌遊戲；年輕人圍著樂隊唱著歌，廣場便是人們的露天舞臺。節日上，沒有年長年幼或身分高低之說，大家相聚在一起歡慶才是節日的主題。

這些民間節日集中展示了義大利特色濃郁的民間文化，它不僅可以豐富義大利人的文化生活，有力地促進地方旅遊事業的發展，還生動地展示出義大利民間文化保存工作的重大成果。我們若要真正地認識和理解義大利民族，不但應該深入到他們實際的日常生活中去體驗和感受，而且要認真地觀察他們的生活方式和文化生活，只有這樣，才能對該民族的歷史、文化、風俗等有一個清晰的認識和了解。

第三篇

義大利愛情觀

「逃婚族」——西西里島的女性社會地位

馬連娜低著頭憂鬱地走過這座寧靜的西西里小鎮，一陣輕風吹過，掀起一波波驚豔的漣漪，美得勾人遐想，令人心醉。這是吉斯皮托那多利在其電影《真愛伴我行》中的一個精彩鏡頭，以膠片的方式將西西里島女性這個軟弱的群體帶到螢幕前，向人們詮釋了一位美豔、純潔、無奈、柔弱的西西里島女性的故事，以及那段發人深省的集體回憶。

西西里島彷彿是一顆散落在地中海之中的明珠，與義大利半島一峽相隔。這裡是陽光、沙灘和棕櫚樹的故鄉，這裡有飄香十里的檸檬和一望無際的葡萄園與橄欖園。這座島嶼是義大利最大的島嶼，其四面環海的地理位置和悠久的歷史文化使之與義大利本島有著許多不同之處。閉塞的地理環境導致該地區經濟落後，缺少必要的教育條件，同時也加固了西西里島居民的傳統思想，尤其是重男輕女的傳統觀念。這片土地是喬瓦尼·維爾加 (Giovanni Verga)、薩瓦多爾·夸西莫多 (Salvatore Quasimodo)、皮蘭德婁 (Luigi Pirandello)、安德烈亞·卡米內里 (Andrea Camilleri) 等世界級作家靈感的源泉，翻開其名人史冊，不難發現，那一串串閃光的名字中卻少有女性的身影。西西里島女性在父權制的社會裡扮演著妻子與母親的單一性角色，「未嫁從父，既嫁從夫」是她們所要遵守的道德行為規範。接受教育還只是上流

西西里島一望無際的葡萄園 (shutterstock)

社會的專利，只有擁有家庭背景的女子才能到修道院或私立學校讀書。在沉默中忍受欺壓甚至虐待，是那個特定時代對女性的行為規範，她們似乎只能在《聖經》中閱讀忍受各種苦難的聖女，以便尋找一絲精神的慰藉和力量。修道院裡的修女們採取嚴格的教學方法，如果哪個女學生誦讀錯了祈禱詞或者答錯問題，便會遭受體罰，甚至會被罰跪在堅硬的鷹嘴豆上。由於寄宿制管理，女學生們每年只能回家探親一兩次，對於一個家庭來說，女兒似乎是一個沉重的負擔。她們的人生沒有過多的選擇，命運掌握在別人手裡，很多無法承受這種社會偏見和家庭壓力的女孩子最終便選擇留在修道院裡做一名修女。

而那些沒有機會接受教育的農家子弟呢？白天父母帶著女兒一起到田間做辛苦的農活，晚上回到家教女兒如何煮飯，並傳授其生活的經驗和一個女人應盡的義務，母親言傳身教，可以說是孩子唯一的效仿對象。

西西里島一直是一座風光旖旎的島嶼，1930 年代時，旅遊業還並非其主要產業，經濟十分落後。百分之八十五的居民都從事農業活動，時逢乾旱少雨的年頭，再加上莊園主的嚴重剝削，使該地區貧困化不斷加劇。當地生活水準和文化層次低下，這一現狀令西西里女性陷入社會的邊緣。很多家庭不得不進行家族聯姻，或者說是一種不等價的交換，女方家用收到的聘禮償還外債，維持生計。女性經常為了家人勉強犧牲自己的幸福，嫁給從未謀面的丈夫，成為無愛婚姻裡的犧牲品。更不幸的是，由於當時法律的規定和宗教的約束，以及西西里島強烈的家庭觀念，結婚後便不能解除婚姻。

婚姻本應是愛情的一種昇華，而對於西西里女性來說卻變成了一種終結。有些人曾有過反抗命運安排的念頭，可是按照當地的思想觀念，違背家長的意願拒絕聯姻就如同失去貞潔一樣會受到社會的指責與議論，成為整個家族乃至整座小鎮的奇恥大辱。考慮到逆流而行需要承受如此多的流言蜚語，只能向命運妥協。

很多西西里作家都對這種現象進行了描寫，以當地女性為題材，創作出大量的文學作品，其中著名的小說家喬瓦尼‧維爾加的《馬拉沃利亞一家》(*I Malavoglia*) 中就有極為深刻的描寫。在此書中維爾加塑造了一位典型的西西里女性——梅娜。她出生在一座漁村裡，一家世代以捕魚為生。由於漁業的不景氣加上高利貸使全家陷於困境之中。

喬瓦尼‧維爾加

為了謀生，長輩們最終決定將小梅娜嫁給同村一個家境富裕的年輕人，而小梅娜事實上已經有了心上人，但是對於家族的決策，她絲毫不敢反抗，只是日日夜夜在紡織機前做活，默默無語。最後由於家族沒落，一家人過著貧困潦倒的生活，所謂「牆倒眾人推」，小梅娜的婚事也被取消了。她一心紡織，通過辛勤的工作，攢下一筆錢最後將家中的房產贖回。但是由於錯過了結婚的年齡，這位老姑娘不得已拒絕了他人的求婚，繼續過著苦命無涯的生活。

第二次世界大戰中，西西里島飽受炮彈的侵襲，到處一片瓦礫，滿目瘡痍。1946 年西西里島終於獲得自治權，義大利政府為改變島嶼落後的面貌，制定了一系列開發南方的優惠政策，投入了大量的資金進行戰後重建。西西里島雖然在教育、衛生方面與北方仍然有著一定的差別，但整體上，經濟狀況得到了改善，古老的風俗開始淡化，並在一定程度上扭轉了女性的社會地位，使得她們可以主宰自己的命運，獲得自由的婚姻。戰後重建中，全島人民齊心協力共建家園。但是這種團結一致親密無間似乎超出了人們的承受範圍，導致人與人之間毫無隱私可言。尤其是在私人感情問題上，無論是已婚夫婦還是戀愛中的男女都彷彿處於一種被「眾人監視」的狀態下，缺少自由發揮的空間，戀愛似乎並非是兩個人的事情，每次約會還要帶上自己的姐妹或朋友，以便「監督」他們，以免作出傷風敗俗的事情來。涉及到寡婦再婚，同性戀或者某個女子與情人私會，那必將整個家族推上道德的風口浪尖，成為街坊鄰居議論的焦點。

戀愛不易，而求愛的過程更是複雜而漫長。癡情的男子請當地的樂隊用吉他、曼陀林和小提琴到自己所愛女子的家門前演奏一曲浪漫的西西里民歌，以示深情。如果女方欣然接受，她將打

開窗戶贈以微笑。相反，如果男子被潑冷水，那麼只能說明自己是單相思了。有時，即便女子同意，但是她的家庭不贊成這樁婚事，那麼男子也一樣會遭到潑冷水的。在這種家庭傳統的禁錮和阻攔下，因此有些女性為了愛情，不顧家人的反對與相愛的人一起私奔，第二天再與愛人攜手回到父母面前共表決心。面對木已成舟的現狀，女方家長只能妥協，因為只有藉由婚姻的形式，才可以洗去二人私奔為家族抹上的道德污點。私奔看起來似乎是二人浪漫的愛情宣言，或者是年輕人衝動不計後果的行為，但事實上卻是一種不向傳統道德觀念妥協的態度，也是促成二人結合徵得雙方家庭同意的一種極端方式。這種極具「個性而有效」的私奔行為，以及敢於向傳統觀念說不的勇氣，在無形中逐漸地改變了人們對婚姻的看法。

很多青年男女不顧違背傳統觀念私奔的行為其實還另有原因。私奔返鄉後，婚禮勢在必行，私奔意味著選擇了一條「婚姻的捷徑」。而那些按部就班的戀愛青年，其走上婚姻的路途則要漫長而複雜得多。熱熱鬧鬧的婚禮結束之後，第二天清晨，新人要將點點落紅的白色床單掛在陽臺上，以示新娘的潔白之身以及新郎的精壯有力，更多的則是為了避免世俗的異樣眼光及鄰居們的流言蜚語。

如今，隨著女性地位的上升，在這片傳統觀念強烈的小島上，長期受社會束縛的女性開始漸漸被鬆綁，私奔的現象也越來越罕見，成為西西里島某些隔絕的小村莊的奇聞。但與過去不同的是，私奔已經不再是走向婚姻的一條便捷通道，而是青年人對自由戀愛的一種追求和對愛的一種表達方式。教育的普及為很多西西里女性提供了改變命運的機遇，她們走出西西里島，像其他大區的

人們一樣學習工作，充實自己，了解不同的文化習俗和生活方式，那條跨越義大利大陸與西西里島之間僅寬三公里的墨西拿海峽彷彿不再是一條難以逾越的鴻溝，隨著兩地之間頻繁的交流，終將改變這座島嶼那些陳舊的風氣，摘掉她們的面紗，使她們勇敢地走出家門，跳脫性別的框架，在社會上嶄露頭角。

義大利人的浪漫情節

每年的 2 月 14 日是西方的情人節，並逐漸成為國際性的節日，越來越受到人們的關注，而關於情人節的起源，卻是眾說紛紜。不過可以肯定的是，這個節日的歷史可以追溯到古羅馬時代。

義大利人普遍認為情人節的名字源於一位名叫聖瓦倫丁 (San Valentino) 的教士，他反對羅馬皇帝頒布禁止青年人結婚的法令，祕密為他們主持婚禮，因此遭到監禁並死於獄中。為了緬懷聖瓦倫丁，於西元 496 年，教皇格拉西烏斯一世 (Gelasio I) 把當時的牧神節改成聖瓦倫丁日 (Gorno di San Valentino)，因此關於聖瓦倫丁教士與牧神節的傳統習俗便結合在一起，發展成為後來的情人節。這個節日被帶到了英法等歐洲國家，得以廣泛傳播，在節日的當天，男女互相表達愛意。傳說在這一天以書信表達愛意的方式則始於十五世紀，法國奧爾良公爵被囚禁在倫敦塔下，時值聖瓦倫丁日，他寫信給愛妻並稱呼其為「我親愛的瓦倫丁娜」，從那以後，人們互表情誼的方式便走向多樣化，到了十九世紀，一些美國商人開始大量地生產情人節賀卡，由此情人節在世界其他各地流行開來。

幾世紀以來，情人節的宗教意味越來越淡，而商業成分反而逐漸增加，其慶祝方式也呈現出多元化，但值得慶幸地是它依然保留著原有的象徵意義和愛情主題，尤其是對於義大利人來說，

這個節日更是意義非凡。當然，提到愛情，每個人都有自己的詮釋方式，抒發浪漫情懷的表達方法，以及所能聯想到的浪漫之地，比如義大利。在很多人眼裡這裡是一個美麗的邂逅之地；是一個喚醒愛情細胞的國度；這裡上演著無數的愛情故事；這裡是大量文學作品的故事背景。說到義大利的愛情之城，腦海中不禁浮現出水都威尼斯或者羅密歐與茱麗葉的故鄉維羅納這樣的字眼，當然，義大利的浪漫之地並非局限於此，當那些古老而美麗的城市成為全世界男女膜拜愛情的場所時，浪漫的義大利人或許早已在前進的路上探索另一片愛情之土。時逢情人節，空氣中彷彿到處都飄著愛的音符，情侶們互送鮮花、巧克力或愛情賀卡，當然心動不如行動，這一天也是很多義大利情侶攜手出遊的日子，去尋找一份專屬於二人的珍貴回憶，去發現那些逃脫過遊客視線的角落。

第一站，自然是令人嚮往的首都羅馬。也許到過羅馬的人，都曾參觀過許願池，甚至是向池中拋過硬幣，祈禱重返羅馬，或祈禱得到一份美好的愛情；也許你還記得《羅馬假期》中的街頭風景，愛上真理之口和那街邊的咖啡館，可是，你是否知道，羅馬還有一處浪漫之地，從那裡可以俯瞰鄰近的城市花園，那便是坐落在臺伯河上的米爾維奧橋 (Ponte Milvio)。米爾維奧橋在年輕人中有著極高的知名度，情侶們爭相把寫有雙方姓名的愛情鎖掛在橋上，將鑰匙扔進臺伯河裡，象徵著二人的愛情天長地久，永不分離。其實，這股風潮是受了費德瑞克‧莫怡 (Federico Moccia, 1963～) 的小說《我需要你》(*Ho voglia di te*) 的影響，書中的男女主角正是在橋上鎖上了一把鎖，以祈禱他們的愛情長長久久，如此浪漫的舉動一時間成為年輕人的愛情宣言，原本普通

掛滿愛情鎖的米爾維
奧橋 (dreamstime)

的老橋上一夜間被掛滿了人們的愛情信物。羅馬市政府考慮到這
座老橋的現狀，決定採取措施加固橋樑，因此人們便可盡情浪漫
而不必擔心橋樑坍塌了。此外，由於網際網路的普及，浪漫彷彿
被插上了翅膀在網頁間遨遊，一些羅馬年輕人創建了一個網站，
通過網絡平臺以虛擬的方式參觀米爾維奧橋，而且可以鎖上數碼
愛情鎖，附上愛情宣言。這項新的創造為世界各地無法親身前往
羅馬的人們提供了一個絕好的機會。

　　繼續前行，說到浪漫之城，就不能不提佛羅倫斯，這裡是情
侶們不可錯過的一座城市。佛羅倫斯有很多愛情地標性建築，其
中之一便是米開朗基羅廣場 (Piazzale Michelangelo)。這座廣場位

從米開朗基羅廣場眺望佛羅倫斯 (shutterstock)

從米開朗基羅廣場眺望
佛羅倫斯 (shutterstock)

於城市南部的山坡上，建於 1865 年，以紀念文藝復興時期偉大的雕塑家與建築師米開朗基羅 (Michelangelo)。這裡雖然沒有老橋上那琳琅滿目的商店那樣熱鬧，沒有烏菲齊美術館 (Galleria Uffizi) 豐富的館藏，沒有聖母百花大教堂 (Basilica di Santa Maria Novella) 如此的壯觀，但站在廣場上便會有「一覽眾山小」的感覺，一眼望去，佛羅倫斯的全景盡收眼底，美不勝收，而廣場的另一側則是那令人心醉的托斯卡尼鄉村景色。在廣場中間，矗立著「大衛」雕像，因此，這座廣場被譽為是佛羅倫斯的大陽臺，也是觀賞城市全景和阿爾諾河的最佳地點。沿著山間小路，一直登上山坡的最高處，望著遠處的橄欖樹林與墨綠的葡萄園，情侶們坐在臺階上靜靜地看著日落，看著夕陽的餘暉灑在阿爾諾河上，灑在紅色的屋頂上，整座城市彷彿被披上了一層金色的面紗。此情此景也給人們帶來了創作靈感，有一首詩這樣描述其魅力：

> 我夢見了米開朗基羅廣場，
> 我們站在陽臺上，真心相愛
> 靜靜地相擁，相吻，
> 身邊的大衛如同天使一樣守護著。
> 阿爾諾河上的路燈仍在閃爍，
> 舊宮，喬托鐘樓，
> 布魯內勒斯基圓頂，所有的藝術建築
> 在和諧的氛圍中互相凝望。
> 我深情地說道，
> 親愛的，你看遠方的景色多麼迷人
> 你答道，你才是我最留戀的景色。

波波里花園 (shutterstock)

　　在佛羅倫斯當地流傳著這樣一種說法:「如果你感覺呼吸的空氣不真實,那麼你已經擁抱了佛羅倫斯,如果你感覺深處世界上最浪漫的地方,遠離了都市的喧囂,被周圍的寧靜所圍繞……,那就說明你到了米開朗基羅廣場!」厭倦了擁擠的人群,不妨登上高處,與愛人一起靜靜地望著遠方,2月的空氣中雖然還飄著一絲冷意,但是內心或許早已鋪滿了陽光。

　　離開米開朗基羅廣場,另外一處最得情侶歡心的地方便是波波里花園 (Popoli)。這座花園是佛羅倫斯最古老的一座,1550 年梅迪奇科斯莫公爵 (Cosimo dè Medici) 買下了皮蒂宮 (Pitti),並且

買下了這座庭院。經過一番精心的裝修擴建，將之獻給愛妻多萊多作為禮物，以表達對她的那份真摯的愛情，綺麗迷人的花園猶如愛妻如花的容顏，因此這段傳說為之更增添了一縷浪漫色彩。這座花園被稱作是梅迪奇家族的後花園，也是義大利花園中的典範。花園內珍藏著大量藝術作品、雕塑等，彷彿一座露天的博物館，漫步於矯飾主義與新古典主義完美結合的建築中，還可欣賞到各式植物，從寬闊的林蔭大道兩旁的柏樹，到成片的葡萄樹與橄欖樹，從水生植物到熱帶花壇以及形狀稀有的大理花、玫瑰花。這裡位於歷史中心的皮蒂宮附近，但其封閉式的花園建築將之構成了一個安靜的角落，時逢情人節，與愛人攜手，在怡人的花園內散步，同時，這裡也是新人們拍攝婚紗照的最佳場地之一。

　　從佛羅倫斯南下，前往那不勒斯的波西利波區，這個區被譽為是那不勒斯最迷人的地方，其名字源於希臘語，表示「擺脫痛苦的地方」。從這裡向遠處眺望，可以欣賞到那不勒斯城市風光，望見維蘇威火山以及檸檬小鎮索倫多，與之隔岸相望的便是著名的卡布里島，地理位置十分優越。當然，除了如畫的美景，這個小區的特別之處還在於那些所謂的小窗戶。傳說，那不勒斯的詩人作家迪‧賈科莫 (Salvatore Di Giacomo) 無意之中在這裡發現了一個隱蔽的小窗戶，每天窗前都會擺放著一支白色的康乃馨。如此充滿意境的畫面激發了詩人的想像力，猜測著百葉窗下的故事，並創作出了一首廣為流傳的那不勒斯民歌 "A Marechiaro"。直到今天，這些小窗戶的住房建築仍然隨處可見，時不時地便會有人擺上一支白色康乃馨，以紀念這位詩人作家。

　　這個小區是那不勒斯最負盛名的地方，1960 年代，被看做是義大利甜蜜生活的象徵，同時也受到了好萊塢大牌明星的青睞，

成為最受歡迎的度假地之一，面朝大海，在淡淡的月光下與愛人同坐，品嘗海鮮，優哉游哉。這種對甜蜜生活的渴望，遠離沉悶喧囂的世界，日夜無休的派對，名人，美景，數不清的傳說與讚美，無疑提高了該地區的知名度，增添了它的魅力指數。情人節時能夠在此仙境與愛人共度美好時光成為人們的夢想，當悠揚的曼陀林在靜靜的夜裡響起，雅潔的月光與繁星閃爍照耀在無邊無際的海面上，地道的那不勒斯美食散發著誘人的香氣，吸引著人們的味蕾，如此曖昧的空氣，不禁令愛意盎然。翻開那不勒斯民歌記載冊，裡面記錄了二百多首以波西利波區為題材的歌曲，同時也是詩歌中最常見的題材。「月亮漸漸從海上升起來，就連魚兒也動情了，牠們隨著浪花翻滾：海浪變換著顏色，親愛的卡羅麗娜，醒醒吧，因為空氣都是甜的……。」

走過那柔軟的沙灘，湖泊是大自然的又一傑作，她有別於洶湧的大海，細水長流的小溪，靜靜地隱藏在群山之中，猶如少女般羞澀。在這趟愛情之旅中，我們自然不能不提義大利著名的湖泊。義大利北方湖泊眾多，寫詩讚美的名人作家數不勝數，其中，義大利最著名的小說《約婚夫婦》的主要故事背景便發生在那片美麗的湖區——科莫湖畔。本書的前幾句這樣寫道：「科莫湖的一條支流，順著山麓汩汩地向南流淌；兩旁的山脈連綿不絕地伸向遠方，有的地方突出，有的地方凹陷，湖水便順勢聚成一個個水灣和深潭……。鬱鬱蔥蔥的群山環繞中，科莫湖水蜿蜒曲折地向前伸展，流經阿達河匯流的地方，湖面突然變窄，湖水穿過兩岸的陡坡，一直往下流淌……。」偉大的作家曼佐尼帶領著我們遊覽了科莫湖的湖光，講述了十七世紀的義大利社會的悲歡離合及一對青年男女曲折的愛情與婚姻故事，想必，很多人也是通過這

科莫湖（上）與米蘇麗娜湖（下）(shutterstock)

部作品開始對群山圍繞中的迷人湖光有所了解吧。

　　不過說到湖泊，米蘇麗娜湖的景色與科莫湖不相上下，也許沒有科莫湖那樣聞名遐邇，但卻是一處幽靜之地。該湖位於威內托大區，是多洛米蒂山脈中最美麗的湖泊之一，並被選入聯合國

世界遺產名錄。關於米蘇麗娜湖還有一段感人的傳說，父親蘇拉利斯與自己的小女兒米蘇麗娜相依為命，年邁的父親不放心幼小的女兒，央求女巫將之變成一座大山，他的眼淚聚成了清澈的湖泊，今天，這座被命名為蘇拉利斯的大山仍然環繞著湖泊，靜靜地俯瞰著，彷彿是對女兒默默無聲的愛。2月的北方依舊是白雪皚皚，壯麗的山色倒映在清澈的湖水中，猶如仙境。每到情人節期間總會吸引多數情侶來這裡感受冰雪世界，見證他們的愛情。

　　浪漫的義大利人永遠有新穎的「招數」令愛情升溫，情人節似乎不只是意味著傳統的玫瑰，浪漫的燭光晚餐抑或香濃的巧克力，所謂心動不如行動，攜手去尋找一個二人世界，體驗一份浪漫之旅，締造最難忘的一天，想必是一個經典的想法。2月14日，也許僅是一個表達愛情的藉口或經營愛情的方式，對於義大利人來說，選擇一個特定的場合則是至關重要的。

義大利式婚禮

結婚原本是男女雙方按照法律規定確定夫妻關係的一種行為，隨著時代的轉變，這種行為被賦予了許多新的內涵。義大利人骨子裡是一個非常傳統的民族，1960 年代，「男大當婚，女大當嫁」，不結婚反倒不符合社會情理。女孩子從小就開始接受關於婚姻的教育，母親早早地就開始為女兒準備嫁妝，純手工刺繡床單和床罩、刀叉餐具、桌布等，而這種傳統的婚姻思想和理念似乎有些跟不上年輕人的腳步。據統計，1970 年全義大利共有約四十萬對新人走進結婚的殿堂，而 2010 年卻只有二十五萬四千對，結婚人數相對減少了將近一半，同時，男女結婚的平均年齡也相應地從二十三歲至二十六歲上升到二十九歲至三十二歲。從某種角度上來講，這些數字恰好反映了 1970 年代義大利的文化與社會變革，以及人們對性與個人自由觀念的轉變。

長期以來，處於從屬地位的義大利女性產生了一種對傳統的反叛心態，不願困在家庭生活的小圈子裡，無法掌握自己的命運，而是積極爭取與男子平等的社會地位，並主張婚姻自由。一時之間，婚前性行為與婚外情在這個傳統的天主教國家裡激起了巨大波浪。因為在此之前，義大利人的傳統觀念根深蒂固，女孩子到了二十七歲仍舊沒有結婚就等於是整個家族的恥辱，因此由家族包辦婚姻便成為一種促成婚姻的常見方式。如今，這種情況發生了天翻地覆的變化，男女相互接觸的機會很多，豐富多彩的夜生

活和各種活動，無疑增添了很多場美麗的邂逅。再加上義大利人性格開朗，善於交際，相信很多女孩子都有過這樣的經歷，那便是初次見面或者與之交往不深的義大利男人主動邀請她們去喝杯咖啡，甚至奉上甜蜜的愛情宣言，他們是最浪漫最真摯的情人，即便調情也做得誠心誠意。

隨著生活節奏的加快，很多年輕人更加看重事業與消遣，至於婚姻，也許並非是人生中必須履行的義務。晚婚晚育是義大利一個非常普遍的現象，由於義大利寬進嚴出的教育體制，很多年輕人二十七、八歲還在修大學的本科課程，因此三十而立卻仍然守候在父母身邊的也大有人在。再加上義大利教育體制的不同，高房價、高消費、低工資及不穩定的工作，面對這些問題，自然有很多青年不願過早地走進婚姻的圍城，承擔起家庭的責任。因此他們一般會考慮談一場不以結婚為目的的戀愛，先找一份相對穩定的工作，然後與女友或男友共同生活以增進對彼此的了解，如果雙方認為這段關係有繼續發展的可能，在時機成熟之際才會定下終身大事。婚姻被認為是愛情長跑中最美好的一段，也是共同建立一個美滿家庭，展開人生新畫卷的開端。

在全球化的影響下，義大利境內的跨國婚姻越來越多。尤其是近十年來大幅增加，與外國人結婚的義大利人增加了三倍。2010 年共有三萬五千對跨國婚姻，占婚姻總數的百分之七左右，其中百分之八十都是義大利丈夫外國妻子。義大利男性多選擇歐洲國家的女性作為伴侶，其次是美國人、菲律賓人、羅馬尼亞人和阿爾巴尼亞人等。而義大利女性則偏愛非洲人或南美洲人，跨國婚姻中三分之二的女性與塞內加爾人、突尼斯人或者摩洛哥人結婚。針對這種日益普及的社會現象，在社會上不禁引發了人們

接受來賓祝福的新人 (dreamstime)

的思考與討論。很多人認為基於跨國婚姻，會產生多樣性的教育方式，孩子們從小可以輕鬆地在兩種不同的語言和文化中成長，有利於孩子今後的發展。同時，隨著跨國婚姻的增加，其離婚率也不斷增長，由於文化差異、語言不通、思維方式的差異等產生矛盾，在現實與想像中的生活差距太大時，這種失落感導致很多人選擇走出這座「國際圍城」。另外，在對孩子的教育上，尤其是針對不同的宗教信仰，二人都希望孩子將來成為像自己一樣的信徒，因此便相應產生很多分歧。但無論是國際婚姻也好，國內婚姻也罷，義大利人都對愛情充滿了美好的嚮往，而婚姻則是愛情中極為關鍵的一步。

義大利人對婚禮十分重視。在義大利，大體上有兩種舉辦婚禮的方式，可以在教堂或者市政府舉行，但無論是教堂婚禮還是民政婚禮都具有法律效力，其區別在於：前者由牧師為新人舉行

迎接新娘的貢多拉

彌撒並主持結婚典禮，而民政婚禮則是在市政府的專有禮堂內由市長主持結婚儀式。當然，區別不僅止於此處，在教堂舉辦婚禮，還有一個前提便是結婚之前新人需要參加由牧師開設的婚前課程，學習婚姻的神聖性和所要擔當的責任，以及處理夫妻關係的方式，同時還會有其他夫婦前來與大家共同討論如何面對家庭生活等話題；而在市政府登記，結婚當天見證人和家人朋友們盛裝出席，由市長向新人宣讀民法條例，然後由新人在結婚證書上簽字，互贈婚戒，親吻祝福。出席的家人朋友上前擁抱祝賀，拋灑玫瑰花瓣和如幸福雨般的米粒。當然，無論是在市政廳還是在教堂舉辦婚禮，新娘走進禮堂的那一剎那都是最引人注目的時刻，新娘通常會乘著超長豪華轎車抵達，或者像童話中的公主一樣坐著馬車而至，若在水都威尼斯抑或乘著華麗的貢多拉前來。另外，從教堂或市政廳舉辦完儀式之後，所有來賓都會一路鳴笛以表示

新人共同切下結婚蛋糕，與來賓分享甜蜜與喜悅 (shutterstock)

對新人的祝福。由於時間的安排，很多人選擇週末舉辦婚禮，因此每逢週末，教堂的鐘聲與汽車的鳴笛聲混為一片，成為城市中又一道獨特的風景。

婚禮的準備是一件令人疲憊的事情，需要經過長期的籌備並要考慮到所有的細節。例如教堂鮮花的擺放、禮車的裝飾、喜帖的設計以及新人的婚禮服裝等。在義大利，白色是純潔的象徵，因此結婚請柬、婚禮的喜糖和新娘的婚紗都是純白色的。而這些籌備工作差不多要花費幾個月的時間，在這段期間尤其是新娘更會忙得焦頭爛額，不但要為自己選擇合適的婚紗，還要為自己的伴娘選禮服。

按照義大利的婚禮習俗，新人要給客人回禮，為所有參加婚禮的客人準備一些紀念性的禮物，比如相框、水晶擺設、銀飾、陶瓷製品等以及杏仁夾心喜糖。贈送喜糖也有一定的講究，一要注重顏色，二要注重數量。婚禮喜糖通常是白色的，需要贈送給每位客人五顆喜糖，分別象徵著幸福、富裕、長壽、多子和健康。另外，新人還要為婚禮的見證人格外準備一份特殊而貴重的禮物。也有一些新人不贈送禮盒，他們將收到的所有禮金直接捐給志願者協會。如果新人剛剛搬至新家，他們會預先給參加婚禮的親人朋友們列出一張禮單，上面標明他們的新家所需要的東西，比如

家用電器、家居擺設、廚房用具等。來賓按照禮單選擇適合的物品作為贈送新人的結婚禮物。

關於婚禮舉辦的方式和規模，義大利南方和北方有著一些細節上的區別。經常會發生這樣一種情況，一對新人中一個是義大利北方人，而另一個是南方人，由於文化背景和民間習俗的不同，他們之間不免會產生一些分歧，那麼究竟應該如何籌備這場婚禮呢？是舉辦一場盛大隆重的結婚典禮還是一場具有親密氛圍的小型婚禮呢？這不僅是兩個新人的難題，同時也牽涉到兩個家族。如最初的派送喜帖，南方人注重人情世故，喜帖一定要親自送上門，並且還要帶上一盒點心或巧克力之類的，聊表心意，讓親人提前沾沾喜氣，而北方人則沒有這些繁複的禮數。在婚禮的規模上，南方人愛熱鬧，婚宴上會邀請所有的親戚朋友及鄰居，上上下下有時超過三百多位來賓，如果新人的一方來自一座小鎮，那麼鎮上的所有村民都會前來道賀。婚宴通常會在中世紀的古堡或景色優美的別墅裡舉辦，品嘗完一道道佳肴美味之後，所有人一起跳歡樂的民間舞蹈 Pizzica（義大利南部的一種民間雙人舞，裙襬飛揚，節奏歡快，主要流行於普利亞大區和西西里島）以及 Tarantella（義大利南部的一種集體舞蹈，起源於那不勒斯，其節奏急促，腿部姿勢變化多樣，廣受人們的歡迎）共同慶祝這美好的時刻。婚宴通常是在中午或者晚上進行，菜肴豐盛，宴席最少長達四、五個小時，有時午宴結束後已經是夜幕降臨了。另外，婚禮上還會邀請歌手或樂團到婚宴上演奏，那些在當地稍有名氣的歌手，僅是半個小時的演出，其費用就高達三千多歐元。

而義大利北方人則相對要樸素很多，在婚禮籌備上追求簡單雅緻。婚禮的規模較小，其來賓都是親屬或者關係親密的同事或

Pizzica 舞 (dreamstime)

朋友。舉行婚禮的地點通常為城堡或者獨具特色的酒店,另外,位於鄉村的田園風格酒莊也廣受歡迎。在婚宴的籌備上,不再是單一的傳統義大利料理和不醉不歸的漫長婚宴,人們更加鍾愛派對式的自助餐,氣氛輕鬆自在,準備時也不需要花費太多的時間,總之,更加具有實用性。

　　宴會尾聲,新郎、新娘向賓客敬酒。按照傳統習俗,伴郎要摘掉新郎的領帶,將其剪成碎片放入盤中,「賣」給所有出席婚宴的客人,以作留念。無論婚禮規模的大小,對於年輕人來講都是一項巨額的開支,一場普通的義大利婚禮大約會花費掉三萬至五萬歐元,其中包括新娘的婚紗與配飾、化妝、新郎服裝與皮鞋、簽到簿、喜帖、回禮、租車費用、結婚照、城堡租用費、婚宴費用（預計一百位賓客）、教堂及車隊鮮花擺設、婚戒、教堂捐贈款、婚禮蛋糕等。因此,面對這樣的帳單,年輕人在舉辦婚禮之

精心設計的婚宴 (shutterstock)

前自然要查查銀行的帳戶是否會超支了。不過，說起來，婚禮是一種形式，也是一種宣言，象徵著兩個人的真正結合。但無論有何種文化背景，信仰哪一種宗教，婚禮對於每個人來說都是一個值得慶祝的盛大節日，而得以舉辦一場傳統而又不失個性的婚禮，可以說是每個義大利人的夢想。

義大利式離婚

1961 年義大利喜劇導演皮艾特羅・傑米 (Pietro Germi) 拍攝了 《義大利式離婚》 (Divorzio all' italiana) 這部電影，1962 年在美國上映後立即入圍奧斯卡最佳導演的角逐。這部電影不僅僅是一部黑色喜劇，更多的是觸及了當時義大利的道德理念，具有重大的時代意義。本片講述了西西里島的落魄男爵費迪南多厭惡自己肥胖的結髮妻子羅沙利亞，並愛上了年輕貌美的男爵表妹安琪拉。他想離開他的妻子，然而當時義大利的法律是不允許離婚的，這使得男爵十分痛苦，不得不忍受身邊這個情緒多變的神經質女人。所以他處心積慮地想出了一條妙計，製造妻子紅杏出牆，與以前的情人關係曖昧的出軌場景，最後再殺死這個「蕩婦」。根據當時的《刑法》第 587 條規定：家族男性成員揭露他的配偶、女兒或者姐妹非法同居的關係，以維護家族名聲的理由將其殺害，判處有期徒刑三年至七年。事情一切都在他的意料之中有序發展著，費迪南多男爵理所當然地殺害了他的結髮妻子，而他卻只被判了一年半的刑。他刑滿出獄後，一心歡喜的和表妹安琪拉結婚了。他本以為會得到婚姻的幸福，孰料表妹厭倦了男爵而另尋新歡，而他面臨的卻是和前妻同樣的命運。這彷彿是一場鬧劇，然而卻以喜劇的形式諷刺了義大利不合理的法律條文規定和天主教的戒律，實為佳作。

這部電影在海外贏得了觀眾們的喜愛，然而在義大利卻引起

《義大利式離婚》電
影劇照

了一片譁然。故事的取材源自義大利西西里島，當然這個故事發
生在一座極具人文精神、同時卻又十分閉塞的島上也並非偶然，
可是很多西西里島人、甚至是南方人仍猶如挨了一記耳光，覺得
臉上微微發熱，彷彿被人扣上了一頂文化落後的帽子。另外天主
教也發出了質疑的聲音，強烈指責這部電影違背了道德倫理和傳
統的家庭觀念。可是大多數人還是在這部電影中看到了一絲新的
曙光，潛移默化中喚醒著人們對婚姻的思考和對義大利法律的質
疑。

　　戰後的義大利到 1960 年代之間，經濟迅速發展，但是社會習
俗和思想觀念卻沒有發生本質性的變化。傳統的價值觀念仍舊以
家庭為本位，家庭的穩定關乎到整個社會的發展。義大利政府藉
由法律和天主教的教律來鞏固並捍衛傳統的道德理念和思想，這
也導致了很多貌合神離的夫妻委屈在這種社會制度下承受不幸的

婚姻。尤其是女性，她們因為結婚或生育被解雇，受到不平等的待遇，而且只能從事某些特定的職業。天主教對社會和家庭一向有著深層的影響，孩子接受洗禮後便成為天主教徒，需要參加教堂和學校裡開設的宗教課程，因此這種傳統觀念一代代根深蒂固。

　　1960 年代中期歐洲大部分國家興起了社會改革的浪潮，義大利傳統思想觀念的地位有所動搖。1963 年美國女權運動的代表人物貝蒂・弗里丹 (Betty Friedan) 出版《女性的奧妙》一書，隨著該書的發行掀起了婦女運動的浪潮，挑戰了當時的性別文化，喚醒了美國女性的覺醒。在義大利也引起很大的迴響，並啟發關於離婚法律的提出。從社會學的角度上來講，離婚是一個非常關鍵的「安全閥」，可以適當緩解西方家庭制度和宗教所帶來的雙重壓力。

　　1965 年 12 月在義大利成立了義大利聯盟，該協會屬於非政治聯盟，支持成立《離婚法》，並於同年將《離婚法》議案提交到眾議院。1966 年，羅馬的納沃納廣場上聚集了來自義大利各地的群眾，齊呼支持成立《離婚法》。不久之後，梵蒂岡教皇在聖彼得大教堂的陽臺上露面，向所有的信徒們重申婚姻與家庭的重要性，勸誡人們勿違背宗教倫理，這種局面使義大利政府陷入了左右為難的境地。1970 年《離婚法》被納入《民法》，其中第 1 條規定：夫妻雙方沒有任何繼續共同生活的意願，分居五年後便可申請離婚。對於此項規定，公眾的質疑聲此起彼伏，有人聲討其破壞了婚姻制度，褻瀆了神聖的婚姻，而有人卻感歎終於獲得了自由選擇的權利，同時也是民主的體現。為了進一步確認民眾的心聲，1974 年義大利舉行了全民公投，結果表明，百分之五十九的公民都投出了一張贊成票，離婚得以在義大利這個天主教國家合法化。

如此之高的投票率說明了義大利人改變傳統婚姻和思想觀念的決心，而這樣的結果似乎超出了宗教和天主教民主黨人士的預料。離婚公投的勝利是多方面的，各個黨派與個人在這場勝利中各取所需，而義大利道德倫理和傳統的家庭模式在這場「民主之戰」中受到了巨大的挑戰。

隨著外來文化的不斷深入，義大利社會呈現多元化，二十歲到四十歲年齡層的人更是受之影響。人們對離婚的態度發生很多變化，離婚已經不再是一個敏感詞彙，一個不可碰觸的地雷了，在婚姻中，人們能夠更加自由地處理雙方的關係，與此同時，離婚案件日益增多。婚姻是對彼此的一種妥協，如果能夠互相忍讓，美滿和睦的生活在一起，與之偕老自然很好。可是如果將婚姻看做是對自己的人生和命運的一種妥協，是人生所要完成的任務，是一座必須要越過的高山，那麼婚姻將是冷冰冰的。很多義大利人受家庭傳統觀念的影響，將婚姻視為人生大事，由此產生了閃婚的現象，單純以為婚姻可以解決一切，但是婚姻並非是幸福的同義詞。維持一段沒有感情的婚姻，而從第三者那裡獲得一絲生活的激情，這樣的結合意義何在？還不如放手，去尋找各自的幸福。

在大多數情況下，都是由女性提出離婚的。為何義大利女性比男性更想離婚呢？女性經濟獨立，不再藉由婚姻依賴男性。在遭遇感情危機時，她們通常理智地選擇解放彼此，給雙方重新追求幸福的機會和自由。而男性即便面對問題百出的婚姻，考慮到婚姻的財產分割加上子女的撫養費，這一切會讓他們入不敷出，因此很多時候會選擇沉默或者緩解二人的緊張關係。事實上，很多婚姻並非以法律的方式終結，由於宗教、社會和子女等問題，

有些夫妻仍舊住在同一個屋簷下，做著一對名不符實的夫妻，保持著室友一般的情誼。當然，一方面，還要歸根於義大利的離婚手續的繁複漫長，在履行離婚手續之前，由最初的規定分居五年到現今的強制性分居三年，算是給雙方一個反思的空間，如果一方改變離婚的念頭，二人仍是合法夫妻，從某種意義上講，這也是宗教戒律的一種引入，三年後方可進行離婚的辦理。協議離婚的辦理時間較短，四到五年左右，而判決離婚則要漫長得多，少則十幾年。近十年來，很多夫妻選擇到歐盟內的其他國家離婚，如到巴黎或布達佩斯辦理離婚手續，只需提供六個月的居住證明，離婚的手續也較為簡潔，前後只需要三到九個月。在政治、經濟「統一化」的前提下，離婚證書在義大利也一樣有效，只需將之在外交部門進行公證，一段婚姻便可就此了結。離婚越來越快捷，但是婚姻依然是人生中最重要的一個轉折點，只是人們在對待婚姻問題上，不再受世俗的流言蜚語和宗教倫理的影響，而是以人的幸福為主，以更加理智、更加成熟的方式對待罷了。

在這場激烈的「民主」之戰中，思想開放的人士、學生、工人和婦女是其堅強的後盾，民眾的支持也是將離婚列入法律條例的必要條件。當然，《離婚法》的成立旨在保護人們的幸福，而非毀滅愛情。其實，離婚和結婚一樣，並不是一個過分的要求。

第四篇

奇特的愛好與行為

聖雷莫音樂節

彈起歡快的曼陀林，踩在柔軟的沙灘上，對著心愛的少女唱著動人的情歌，這樣的場景讓我們不禁聯想起浪漫、富有藝術氣息的義大利人。的確如此，義大利是一座音樂的國度，這裡誕生過許多世界級的音樂大師，如男高音歌唱家帕華洛帝、劇作家威爾第、作曲家羅西尼、小提琴家塔蒂尼等不勝枚舉。而美妙動聽的義大利語為這座歌唱家的國度提供一個天然的載體：幾乎所有的單詞都以母音結尾，讀起來珠圓玉潤，綿延動聽，因此說歌劇是義大利的天下也不足為奇。義大利語是世界通用的音樂語言，大部分歌劇和音樂腳本都是用義大利語創作的，難怪義大利語被譽為是最藝術、最具音樂性的語言。無論是古典音樂還是現代音樂，在義大利都有廣泛的聽眾及愛好者，甚至有時路過某家人的樓下便會聽到從窗戶傳出來的一首詠歎調或是那甜得發膩的愛情歌曲，可見義大利人對音樂的熱愛，一如既往，而聖雷莫 (San Remo) 義大利歌曲大賽便是義大利現代音樂的見證人，通常被稱為聖雷莫音樂節。每年在義大利西北部的聖雷莫市舉辦，是義大利音樂界的一大盛事。

聖雷莫位於利古里亞大區，有著「鮮花之城」的美譽，被鮮花簇擁的還有阿里斯頓劇院，每年這裡都匯聚了義大利熱愛音樂的數萬觀眾和音樂界的風雲人物。從音樂節開創以來，儘管主持人一換再換，在舉辦形式上不斷推陳出新，但是其秉承義大利音

樂傳統並發掘新音樂的實質卻不曾發生變化。每屆歌曲大賽都持續五天，所有參賽歌曲必須為原創音樂作品，且從未公開發表，並要求歌曲由義大利作曲家創作而成，最後經過電視觀眾和評審團評選出十四首參賽作品，並在五天的節目中進行最終的評選。聖雷莫音樂節是義大利最具推廣優勢、最具權威性和影響力的音樂大賽。每年吸引著數百萬的觀眾通過 RAI UNO 國家電視臺的轉播收看比賽。不少大家耳熟能詳的義大利歌唱家都是從聖雷莫音樂節中脫穎而出，如

安娜・塔唐潔羅獲得 2008 年聖雷莫音樂節比賽亞軍 (Claudio Onorati/epa/Corbis)

羅拉・普西妮 (Laura Paosini)、安娜・塔唐潔羅 (Anna Tatangelo)、埃諾斯・拉瑪佐提 (Eros Ramazzotti)、Raf 等。

　　戰後的義大利需要作大量的重建工作，隨著物質生活的豐富，義大利人的溫飽問題解決以後，人們開始更加關注精神層面的需求。走出戰爭的陰影，豐富群眾的精神生活，抱著這種宗旨遂誕生了聖雷莫音樂節。1950 年代，聖雷莫音樂節是最具有民族凝聚力，最富有文化內涵的一個電視節目，可以說，聖雷莫音樂節之於義大利人就如同春晚之於中國人一樣，是一頓必不可少的文化大餐。那個年代，電視機仍然是一件極為稀有的家用電器，每座小鎮僅有幾臺電視機，所有人都聚在一起觀看，或者大家都聚到

鎮上的酒吧裡，分外熱鬧，其場面不亞於觀看世界盃或義甲聯賽。因此每年的聖雷莫音樂節成為人們不可或缺的一道文化娛樂大餐，一場不能缺席的盛會。短暫的統一歷史使義大利大部分公民仍舊保留著使用當地方言交流的習慣，因此音樂節也為國家推廣義大利語提供了良好的契機，使廣大公民具備義大利語的應用能力。聖雷莫音樂節不僅僅是一場音樂大賽，它折射出了義大利戰後的巨大社會變革。儘管對音樂節的評論見仁見智，但是觀看這個節目已經成為義大利人揮之不去的情結，少了它似乎生活就不完整。

第一屆聖雷莫音樂節舉辦於 1951 年，從這一年到 1954 年，聖雷莫音樂節只透過電臺轉播，自 1954 年之後才有電視轉播。參加音樂節的作品大多以通俗歌曲為主，其優美的旋律可以說是義大利歌劇通俗形式的延伸。舞臺上的百人樂團增添了音樂節的古典氣氛，充滿古典情懷的音樂形式加上愛情題材的歌曲，打造了聖雷莫獨有的音樂風格，這座舞臺為所有懷揣音樂才華、夢想的義大利歌手提供展示自我的平臺。

大部分的義大利歌手都參加過此音樂節，在這裡他們實現了自己的音樂夢想。其中最經典的一例便是義大利的流行音樂之父多明戈・莫都格諾 (Domenico Modugno)，當年在音樂節上以一首 "Volare"（飛翔），一夜成名。當然值得一提的還有羅拉・普西妮，於 1993 年以一首 "La solitudine"（孤獨）走進千家萬戶，成為義大利今日的首席天后。

如果說聖雷莫音樂節是一場音樂豪華盛宴，除了人才濟濟的參賽選手，還應該歸功於很多才華橫溢的主持人，其中被稱為義大利電視之父並創下主持十三屆大賽最高紀錄的皮波・鮑多

瑪丹娜在聖雷莫音樂節中
表演 (Reuters)

(Pippo Baudo)，以及義大利最受歡迎的電視節目主持人邁克·邦
焦爾諾 (Mike Bongiorno)，他們是義大利電視媒體最耀眼的明星。
除此之外，每年參與主持的還有兩位青春貌美的女主持人。直到
1990 年代，在女主持人的選擇上仍局限於義大利籍，1990 年代
後，電視臺開始邀請眾多的外國演藝明星加入，比如美豔的捷克
模特兒愛娃·赫茲高娃、法國性感女神蕾蒂西婭·卡斯特、阿根
廷的洛麗塔瓦萊里婭·馬扎等等。另外，外籍歌手的演出也豐富
了這座音樂的舞臺。路易斯·阿姆斯壯充滿激情的小號演奏，百
變天后瑪丹娜的震撼演出、皇后樂團和最著名的搖滾樂團 U2 都
為義大利觀眾留下了美好的回憶。當然，還有很多大牌藝人像綠
洲樂團、羅比·威廉斯、阿姆、珍妮佛·羅培茲、艾爾頓·強都
曾到場，其豐富性和國際知名度可見一斑。

聖雷莫音樂節已經有六十多年歷史，並成為義大利音樂文化的一大特色，觀眾每年對音樂節翹首企盼，百萬觀眾守在電視機前觀看這一盛典，其收視率高達百分之八十。作為最重要的音樂盛事，正所謂眾口難調，因此歷屆音樂節都要面對褒貶不一的評價，而議論最多的應該是針對評審團的評判和專輯的銷量。有時贏得冠軍的歌手其專輯銷量遠遠低於被淘汰的選手，因此不免對評審團的裁決產生一些質疑。

聖雷莫音樂節作為一道義大利觀眾的文化大餐，每年都要承載各種爭議，更成為新聞的聚集地。相信很多義大利人仍然對最初的一條爆炸性新聞記憶猶新，此條新聞事件發生於 1958 年，當多明戈‧莫都格諾演唱「飛翔」一曲時，一時忘情，伸開了雙臂作出飛翔的動作，這在五十年的音樂節上實屬首例，當時的演出形式以「唱」為主，所有參賽的歌手演唱時都必須雙手掩胸，保持僵硬的動作專心演唱，而多明戈‧莫都格諾一改單調的演唱形式和死板的姿勢，為這座舞臺帶來了新鮮空氣。

1970 年代義大利工人罷工持續不斷，阿德里亞諾‧切倫塔諾和克勞迪婭‧莫里在音樂節上共同演唱了 "Chi non lavora non fa l'amore"（不勞動者不做愛），在歌詞中寫道：「不勞動者不做愛！我的妻子昨天如是對我說！昨天我疲憊地回到家，桌子上卻什麼都沒有。妻子埋怨我三天兩頭地罷工，可憐的工資如何度日。她決定發動罷工反對我！」不同於一向以愛情為主旋律的參賽作品，該歌詞詼諧幽默，同時也暗示了罷工連連的社會問題，在當時引起了很大的迴響。1972 年尼克拉迪巴里所要演唱的歌曲被要求做一定的修改，在這首反映青少年的歌曲中，「十三歲就有了情人」這句歌詞被改成「十六歲就有了情人」，可見當時人們對青少年談

戀愛所持的看法。1980 年著名的喜劇演員羅貝托・貝尼尼作為當屆的主持人，在百萬觀眾眼前激情的吻著他的搭檔主持奧林匹婭・卡爾立斯 (Olimpia Carrisi)，長達四十五秒，場面甚是尷尬，成為一時的熱門話題。1986 年的音樂節上更是熱鬧，知名歌手羅夢丹娜・貝爾塔 (Loredana Bertè) 上臺演唱時假扮成孕婦，如此扮相引起了義大利女性的強烈憤怒，被認為是對女性的一種侮辱，要求羅夢丹娜・貝爾塔向廣大觀眾公開道歉；另一個新聞的主角則是身著露臍裝的安娜・奧克薩 (Anna Oxa)。1980 年代，像迷你裙、吊帶裝和露臍裝等都是敏感詞彙，完全有悖於天主教色彩濃重的義大利，別說走進教堂，就連那些所謂的重要場合也是不合時宜的，有失大雅。而近年來各色新聞事件也屢有發生，2009 年歌手波維亞 (Povia) 以一首 "Luca era gay"（盧卡是同性戀），在義大利歌壇引起轟動，其歌詞內容被認為偏離天主教的道德觀念。

　　聖雷莫音樂節彷彿是一座濃縮的社會大舞臺，折射出義大利社會的發展和思想觀念的變遷。從演出的服裝、音樂節的場景、節目的形式到主持人串連詞以及參賽的歌手，無不生動形象地透視著一個時代的進步，折射著戰後以來義大利的社會發展。聖雷莫音樂節承載著人們對音樂的熱愛和期待，眾口難調是不可避免的，重要的是這場音樂節能夠帶給義大利觀眾豐富的文化生活，挖掘優秀的音樂人，推動義大利的音樂創作，展示其流行歌壇的風采。

引領時尚的義大利人

義大利是一個歷史文化悠久的國家，也是美食、足球和時尚的王國。無數世界頂級的時尚品牌皆出於義大利，像 Gucci、D&G、凡賽斯、亞曼尼、普拉達等國際時尚品牌不勝枚舉，每年兩次的米蘭時裝週更是被視為引領世界潮流的風向球。在義大利，時尚並非是名人和上流社會的專利，時尚不分性別年齡，無所謂身分地位高低，時尚如同美食，是人們生活的必備，是生活的追求，當然，每一個人對時尚都有著不同的詮釋和理解。

亞歷山德拉是波隆納市一所高中的學生。穿著打扮是這個十七歲女孩子生活的重心。個性的衣著會令她信心倍增，與眾不同，同時也能體現出她的出眾品味。亞歷山德拉在沒有得到父母的同意下，為自己的耳後新增了一個星星狀的紋身。當然這在她的同學圈裡已經不是什麼新聞了，不過紋身對於她的父母來說是件過於時髦、過於大膽的事情，而她自然不想與自己的朋友們拉開距離，也不想被時尚甩在身後。

每天早上起床後，她都要做著非常痛苦的選擇，那便是打開自己的衣櫃，選擇上學時穿什麼。小小的衣櫃卻塞滿了各式衣服，尤其是

米蘭時裝週 (shutterstock)

那些剛剛上市的新品，因此，班上的很多同學都叫她一聲「潮女」，這個稱呼倒是很合乎她的口味。因此她更不能掉以輕心。在媽媽的催促聲中，她選好了衣服，走進了洗手間。上學時自然不能化煙燻妝，不過淡淡的眼影、黑色的眼線和粉紅色的唇彩還是必要的。雖然每個月她都會去美髮沙龍做頭髮護理，不過每天早上仍然要精心打理。半個小時過去了，爸爸敲著門問女兒什麼時候出來吃早點，想喝瑪奇朵咖啡還是卡布奇諾。

亞歷山德拉所在的學校並不大，可是學生們的著裝卻五花八門。很多學生都是追星族，因此很大程度地受到偶像的影響，像美國嘻哈風格、龐克風、英式搖滾風等都可以在學生們的著裝打扮上得以體現。亞歷山德拉為了保持自己的「潮女」形象，總是很精心地挑選搭配服飾。夏天她喜歡穿一件緊身小衫和一條特顯身形的低腰鉛筆褲，至於牌子嘛，像凡賽斯和 D&G 自然是她的首選。而 V 字領毛衫外加一條裝飾性的項鍊以及一雙短靴則是冬天的必備。

每個星期六似乎都是一個特殊的解放日，亞歷山德拉和朋友們經常光顧市中心的酒吧。星期六下午放學後，換下自己的運動服，先和她的閨中密友在電話裡聊一聊這一週的新鮮事，然後討論一下晚上出門時穿哪一件衣服。儘管亞歷山德拉的媽媽在同齡女性中也算是一位時尚達人，可是她從來不向媽媽徵求意見，原因很簡單：品味不一。吃過晚飯後便開始準備妝容了。黑色的煙燻妝、捲翹的頭髮、象牙白的粉底和淡紅色的唇膏。至於指甲的顏色嘛，要看晚上穿什麼顏色的衣服了。在衣櫃前選來選去，最終選定了一套 ZARA 的天藍色短裙和一款白色手提包。

索尼婭是亞歷山德拉的媽媽，四十四歲的她在 Conad 超市上

品味與優雅

班。每天很早起床，著裝，梳洗。每天不變的紅色唇妝讓她顯得
精神煥發。不變的還有她的髮型，天生的波浪捲，不過有時心血
來潮她會去美髮沙龍染個顏色。不論是黑色、栗子色，還是酒紅
色她都敢於嘗試。上班期間要穿工作服，因此每天早上她不必在
選擇衣服上發愁。可是在鞋子上卻總是很精心，她總覺得穿上一
雙舒適而優雅的鞋子能夠帶來好的心情。

　　週末也許是她唯一的放鬆時間，她終於可以擺脫工作的制約，
脫下一身制服，穿自己喜歡的衣服。星期六晚上她和丈夫仍然像
戀愛時那樣一起到餐廳用餐。當然，出門之前自然不能忽視服裝
的問題。索尼婭喜歡優雅的風格，如典雅的亞曼尼系列是她的最
愛。復古式的襯衫和簡約風格的套裙在她的衣櫃裡隨處可見。有
時，她也會嘗試買一些色彩鮮豔富有活力的衣服。而在鞋子的選
擇上，她要多花些時間，款式、顏色都很重要，不過星期六的晚
上她總會穿一雙高跟鞋，如菲拉格莫的高跟系列，而高跟鞋彷彿

菲拉格莫的鞋子是時尚界的頂級精品
(Dreamstime)

可以在瞬間增添一個女人的魅力，至少在她的眼裡有如此神奇的魔力。不可缺少的還有一件，那便是首飾：項鍊、耳墜以及戒指，沒有這些她便覺得似乎出門沒有帶鑰匙。但是她並不喜歡那些花枝招展的裝飾，簡約大方為好。

索尼婭對於時尚的理解也許也是時代促成的。1960年代末出生的女性更加獨立，她們對妝容一絲不苟可以說是自己對美的一種表達，對生活的激情，而並不是為了取悅誰。

時代的不同，造成對美的不一看法。羅薩莉亞是亞歷山德拉的奶奶，今年七十多歲了，也住在波隆納。退休後，空閒時間增多，每週都會去兩次美髮沙龍，做頭髮護理或者染色等。然後和自己的老同事打打牌，跳跳舞，鄰居們都說她越活越年輕了。每天早上，羅薩莉亞都要去附近的菜市場買菜。出門前，總是要檢查一下頭髮是否整齊，然後穿上過膝長大衣、及膝深色長裙、黑色絲襪和一雙低跟皮鞋，另外配上一個精緻的皮包。

在首飾上，她偏愛珍珠項鍊，招搖的黃金戒指和大粒耳墜，按照她的說法，也許這是戰爭留下的「後遺症」。她是戰後初期出生的，剛剛走出貧困的人們總是有一種潛意識，要表現出自己不再貧窮寒酸的一面，因此體面的衣服和首飾成為最好的工具。另

外，1960 年代優雅和簡潔是時尚的主要元素，因此幾十年來，雖然潮流一直在變化，但是她們在選擇上仍然崇尚那份優雅和簡約。

為什麼義大利總是能夠引領時尚的潮流？原因有很多，義大利的時尚業誕生於 1950 年代。戰爭結束後，義大利的各個行業開始復蘇，義大利人也漸漸地走出戰爭的陰影，並產生一種抒發情感，表達思想並實現夢想的強烈願望。那是一個快節奏的時代，一個無慮的時代，一個才華橫溢的時代，一個對生活有著新的詮釋的時代，那便是對於幸福生活的理解。

同時，女性的地位也發生了一定的變化，女性不再是那固有的家庭婦女形象，「相夫教子」已不再是她們唯一的出路。受到義大利電影的影響，由蘇菲亞羅蘭、吉娜‧勞洛勃麗吉達、西爾瓦娜‧曼加諾等飾演的女性角色漸漸走近大眾，為戰後的女性帶來了黎明的曙光，她們在電影展現出女性高貴典雅的氣質，以及對

優雅的代名詞──亞曼尼

生活充滿自信的態度。從那開始便掀起了一場「時尚革命」。很多設計大師稱義大利人有著一雙「天使之手」，他們能夠化腐朽為神奇，不僅是時尚界的巧匠，在建築設計、繪畫、雕刻等領域也是獨樹一幟。他們的創新精神是無法複製的。如果說沒有美國人的大膽前衛，便不會有比基尼或者迷你裙，那麼假如沒有義大利人的話，今日時尚界是否會缺少些什麼？也許是那賦予時尚的無限生命力以及對顏色的運用：例如那一抹美豔灼人的范倫鐵諾紅，一種介於胭脂紅、紫色與鎘的明亮顏色，能夠盡善盡美地駕馭這如此純粹的紅色，恐怕只有大設計師范倫鐵諾了吧，這種大膽而浪漫的設計風格成為時尚界和名流的最愛。而亞曼尼的風格則是黑白分明，簡約優雅。在服裝的款式設計上，別具一格，改變了傳統的紐扣與剪裁的比例，設計出革命性的夾克，被譽為名副其實的「夾克衫之王」。

走在義大利的街頭，置身於來來往往的人群中，感覺這裡是一個絕好的街拍地點。也許他們沒有模特兒般的驕人身姿，也沒有全身上下幾萬歐元的裝飾，但是我們卻可以搜索到不同的流行元素。寬鬆的羊毛開衫，蓬鬆棕色捲髮的學生妹；齊耳短髮、智高 (Chicco) 公主裙的小朋友；筆挺西褲、手提寶緹嘉 (Bottega Veneta) 手提包的職員；墨綠色長款大衣、膚色絲襪的女士……，義大利人全心全意地生活便體現在這種細節上。他們精心打扮並非是為了參加派對或晚宴，而是對於生活的熱愛和對美的追求。他們體面地走出家門，工作、學習、購物、約會，每個人扮演著各自的社會角色，但相同的是他們對於生活的態度以及對精品生活的一種詮釋。

手機——作為地位的象徵

如果莎翁筆下的茱麗葉擁有一支手機，那麼這段發生在義大利的愛情悲劇是否會有一個不一樣的結局？也許這樣的說法有些異想天開、天方夜譚，但是，如果假設成立的話，那麼世上便少了一段愛情的佳話，一段淒美的故事，一座著名浪漫之城，而這樣的故事註定不會發生在今天這樣如此高科技的時代。溝通聯繫的工具越來越多、越來越便捷的今天，而人與人之間的關係似乎卻沒有順理成章地被拉近了，面對著這種心靈交流的危機不禁教人恐慌。當然，不可否認的是手機的發明給我們現代人的生活帶來了巨大的變化，成為我們生活中不可或缺的物品，對於義大利人也同樣如此。手機在義大利普及十多年來，高速發達的資訊社會給人們帶來了更多新觀念、新選擇、新思維，甚至影響了人們的價值觀及生活方式。

弗爾維奧出生於 1982 年，住在義大利北部帕多瓦市，與同齡人相比，顯得成熟許多，也很有主見，當他看著周圍的孩子時不禁讓他想起自己的中學時代。弗爾維奧一直特別崇拜爸爸，在他上中學一年級時，他的爸爸買了一個神奇的「黑匣子」——即所謂的手機。弗爾維奧看著這個稀奇古怪的東西，與家裡的電話座機完全不同，一時搞不清如何使用。他的爸爸是手機進入義大利市場後最早一批擁有手機的人，這部神奇的諾基亞 Mobira Talkman 與其說是一部手機，倒更像是一臺收音機或一個小行李

箱，體積龐大，大約重兩公斤，接電話時還要扯出電話線來。幾個月之後弗爾維奧的叔叔也買了一支相同的手機，他的叔叔四十多歲，已經離婚四、五年了。弗爾維奧好奇地問他買手機的原因，叔叔回答道：「小弗爾維奧，你知道這支手機多少錢嗎？六百萬里拉，相當於我五個月的薪水啊！大家都知道手機是財富的象徵，所以帶著它，我就轉身變成有錢人了，還擔心沒有漂亮的姑娘主動向我拋媚眼嗎？」弗爾維奧天真地問他如何吸引那些漂亮的姑娘，叔叔解釋道，他在汽車維修中心工作，晚上下班後，換下工作服，打扮一番，開上客人的豪華轎車，去市中心的酒吧裡，神氣地提著手機，假裝接電話與人商討大生意，談論時事政治。魚，自然而然地就上鉤了。他說，這個社會，有時候外表比內在更重要。小弗爾維奧心想這手機的功能真大，雖然心中還是有些許的迷惑，但心想也許長大後自然會明白叔叔的一番話。

　　學校放假，爸爸便帶著他一起去上班，晚上回家之前，他代爸爸打電話告訴媽媽回家的時間。可是總覺得這個黑匣子有著神奇的功能，始終不理解通過它，便能聽見住在市郊的媽媽。十四歲的時候（義大利高中為五年制），弗爾維奧上了高中，並選擇了

諾基亞 Mobira Talkman
(nokia.com)

文科。班上大部分同學的家長都還沒有手機，這讓弗爾維奧感到十分自豪。放學回到家，看著爸爸的手機開始浮想聯翩，如果讓班上的同學看到這支手機一定會引起大家的羨慕。

　　高中三年級，在弗爾維奧的一再堅持下，爸爸決定給他買一支摩托羅拉 8700 作為生日禮物。這支手機比爸爸那支的體積小很多，也更具有實用性。事實上，弗爾維奧也沒有可供電話聯絡的朋友，不過帶著手機在學校裡走來走去，氣派十足。課堂上，他故意將手機擺放在課桌最顯眼的位置上，身邊的女同學們也不時地向他投去羨慕的目光。彼時，弗爾維奧不禁想起叔叔曾經說過的話：有時候，外表比內在更重要。

　　幾年之後，各色款式的手機層出不窮，手機已然不再是一件稀奇物件了。1990 年代末手機的價格也降到了三十萬到五十萬里拉。擁有手機已經不再是身分地位的象徵，手機的款式越來越受到人們的重視。

　　手機給人們的生活帶來了方便，也成為了生活的必需品，但有時也帶來了些許的不愉快。在飯店用餐或者在咖啡館喝咖啡時，不可避免的便是被震耳欲聾的電話鈴聲所驚擾，有些人接聽時旁若無人高聲大氣，畢竟接電話是一件很私人的事情，尤其是涉及個人隱私的電話，導致在場的所有人都要參與到接電話者的生活悲歡，不免影響了整個用餐的氛圍，也表現出對他人的一種不尊重。有時，某些場景也頗為有趣甚至怪誕。弗爾維奧記得那時如果某人的手機響了，周圍的所有人都會立刻翻看是否是自己的手機在響，彷彿自己是工作最為繁忙的人，手機成為社會地位的一種標記，就如同 1950 年代偉士牌摩托車，如果看見某人從身邊開過，便會頓生這樣的想法：此人真是不簡單呀。

另外，值得一提的便是發生在教堂裡，有些人做彌撒時仍保持著開機狀態，並且不調成震動或靜音狀態，電話一響，立刻掏出手機奮力推開周圍的信徒，跑出教堂，那一通電話看來比神聖的彌撒要重要得多。而神父也只能搖搖頭感歎時代變化之快。這種壞習慣甚至蔓延到了其他的公眾場合，比如圖書館、博物館等，其行為令人瞠目結舌，事實上不過是舉「指」之勞的小事，何必要牽動所有人的神經呢？

弗爾維奧高中畢業後順利地進入了帕多瓦大學。在他的大學生涯即二十一世紀之後，各大手機公司順應形勢，開始注重手機的性能和外觀設計，陸陸續續地推出了很多款我們今天所熟知的黑莓手機、超薄手機、照相手機，不僅增添了攝影、錄影、觀看電視和撥打視訊電話的功能，並且在外觀上也逐漸變得輕巧。其中，最初推出的錄影功能在年輕人中間引起了不小的反響，用小小的錄影鏡頭拍攝下日常生活的瑣碎，錄下上課的內容以便日後復習或者晚上和朋友們一起去酒吧時拍些搞笑的畫面，不僅方便了學習生活，同時也為之增添了很多樂趣。每天坐公車上學，無聊至極時只能看看窗外的風景或者復習一下當天的課程打發時間，隨著帶有錄影功能的手機進入弗爾維奧的生活後，他在手機上看看電視或瀏覽拍攝的視訊短片，那漫長的上學途中似乎不再乏味。

五年的大學生活一晃而過（義大利大學本科三年制，本科大學加碩士連讀五年制），經濟系畢業後，弗爾維奧很快地便在一家金融公司找到工作。人生的另一頁就此展開，私人生活和工作上都有了新的變化。無憂無慮的學生時代已然成為過去，當然，弗爾維奧與手機之間的關係也發生了微妙的轉變。有了工作後，他

買了兩支手機，一支專用於工作，另一支則用來與家人朋友聯絡。這也不足為奇，義大利是歐洲人均手機擁有量最高的國家之一，因為他們不喜歡將生活和工作混為一談。在他們看來，走出辦公室後，每個人都應該擁有屬於自己的私人空間，而不應被工作上的事情所打擾，因此擁有兩支手機為這種生活提供了實現的可能。隨著時間的推移，對他而言，手機已經不再是一個打發時間或炫耀的工具。新鮮感消失之後，手機不過是用於解決工作上的問題的微型機器罷了，使他能夠無論身在何處都可以隨時查收郵件，或與客戶電話聯繫。

　　不同款式的手機迅速地更新著，在保留原有功能的同時，不斷花樣百出地增添新的功能應用，這些功能應用不斷滲透和影響社會生活的各個方面，這種改變仍在不停地推進，甚至遠遠超出我們今天的想像。手機改變了每個人的生活，同時，也成為交通媒介的重要的載體，手機正在被賦予更多的涵義，並以其獨有的傳播方式將人際傳播和大眾傳播相互重疊，進而悄然改變著人們獲取資訊的方式和生活方式。當手機變得日益普遍，其象徵社會地位的功能自然而然隨之喪失，尤其是出生於弗爾維奧年齡層的人更是對其感受頗深，他們一步步地見證了這種新事物從發展到被廣泛使用的過程，從社會地位的標誌到手提包中的必備品的演變，而這一過程也恰恰說明了義大利社會的變化和發展。

義大利人在海外

今天的義大利是歐洲第四大移民國，尤其是從上世紀1970年代開始，由於「門戶開放」的移民政策和相對其他歐洲國家較為寬鬆的移民管理制度，導致移民人口大幅增長，但從歷史上看，義大利卻是一個移民大量輸出的國家，從1861年義大利建國以來到1970年，據統計共有三千萬義大利人移民國外，幾乎是目前義大利總人口數的一半。那麼這些眾多漂泊在外的義大利人有著怎樣的故事呢？一位受訪者西蒙，其外祖父的故事或許可以讓我們對那些海外的義大利人有所了解。

西蒙的外祖父卡爾洛·阿爾貝蒂尼出生於十九世紀，海濱城市利佛諾 (Livorno) 的一座小鎮上。外祖父祖輩務農，家境並不富裕，一座葡萄園便是全家人的命根子。十九世紀末家庭狀況開始發生變化：由於根瘤蚜蟲的傳入，導致葡萄發育不良，根系腐爛，最終無法遏制葡萄根瘤蚜蟲延而毀滅了整座葡萄園，家庭頓時陷入困境。飢餓難耐，鎮上的很多青年人不得不離開家鄉，到國外尋找一條生路。有些人到南美洲投靠自己的親戚，還有一大部分前往美國那個充滿希望的國度。卡爾洛是一個目光長遠、睿智的人，看著起伏的山丘，蔚藍的大海，想像著山的那一邊、大海的盡頭是什麼樣的風景，是一個怎樣的世界。年輕的他和鎮上的一個姑娘結了婚，考慮到每況愈下的家庭狀況，他和新婚的妻子決定遠赴他鄉去投奔自己身在加利福尼亞的哥哥。西蒙的外祖母是

一位性格有些怯懦的家庭主婦，想到她即將永久地遠離父母和親人，到一片完全陌生的土地上，便覺得可怕。那是 1908 年的 1 月，西蒙的外祖父手裡小心翼翼地捧著桑嬌維塞（Sangiovese，義大利五大葡萄品種之一）葡萄品種的小枝藤，那是葡萄園僅剩的幾枝。出發前的黎明，他將這幾枝葡萄藤用濕布包裹起來，希望可以將它們帶到一個新國度發出枝芽。清晨，寂靜而清冷，天空微微泛出光亮，慢慢地輕輕地喚醒著沉睡中的小鎮。外祖父聲音哽咽，默默地想這樣的離開是否值得。這裡是他成長的地方，這裡有他的家人和夥伴。可是為了家庭的生計和自己的夢想，他抱緊葡萄枝藤，與嗚嗚咽咽的外祖母在家人的陪同下走向了港口。胸前的布包裡繫著家裡給他們籌來的幾張里拉，兩張船票和證件。那是一段漫長的旅行，從利佛諾的港口出發到熱那亞港口後，在擠擠嚷嚷的人群中他們一同擠上了輪船，外祖父從未見過如此多的人，語音交雜，一時間他搞不清身邊的人到底是義大利人還是外國人，外祖母也被這種場面所震驚，顧不上感傷了。客輪的鳴笛聲響起，吶喊聲、哭泣聲、歡呼聲伴隨著鳴笛聲漸漸離開港口，漸行漸遠。和大部分的移民一樣，抱著發財夢離開故土，也許再也不會回來。

在海洋中航行了二十多日，前進時濺起的浪花滲到船艙，到處一片潮濕，而相對乾爽避風的地方則留給了婦女和兒童。不過令外祖父倍感焦慮的是他找不到淡水澆灌他的葡萄枝藤。幸運的是，外祖父結識了一位船員，他曾經也種植過葡萄，因此答應給他一些不能飲用的淡水。一天清晨，雙眼朦朧的外祖父看到了近在咫尺的自由女神像，輪船慢慢靠岸，「著陸」一詞化作不同的語言在船艙內傳開。誰也不曾見過如此壯觀的場景，高樓大廈林立

紐約的小義大利是義大利移民的聚集地 (shutterstock)

和自己小鎮的三層教堂相比，其反差可想而知。輪船在艾利斯島靠岸後，根據美國的法律，所有移民入境之前，都要接受四十天嚴酷的隔離檢疫。如果發現移民身上有傳染病將被遣送回國。這座小島被看做是所有移民的煉獄，前途未卜。因此在這座小島上的遭遇便是外祖父和外祖母對美國的第一印象。外祖母第一次碰見了黑人，小時候她聽過一段有關黑人的故事，被嚇得厲害，因此她的母親總是拿這段故事嚇唬調皮的她。如今見到了「原形」，心想原來那並非是一段故事。外祖父想盡辦法安撫她的情緒，身旁一位旅途中結識的義大利人也幫忙勸撫，並告訴他們要小心保管好葡萄枝，否則會被美國海關扣押的。這些葡萄枝連接著外祖父和他的故鄉，意味深重。他不忍心丟棄，因此將之藏在妻子寬寬的裙子下面。艾利斯島上的四十天是意料之外的，這裡除了有

讓人感到新奇的「黑人」之外，還有中國人、南美洲人、北歐的白人。不同的種族，不同的語言，這裡彷彿是一座巴別塔。四十天的漫長等待終於結束了，他們通過了所有的檢查，坐著搖搖晃晃的火車抵達了紐約，沿著寬闊的街道向火車站走去，周圍的摩天大廈、工業和汽車廢氣讓二人感到有些窒息，想著是否美國的每座城市都是如此缺乏新鮮空氣，心中不免有些擔憂。走著走著他們抵達了火車站，然後搭上了開往加利福尼亞的火車。從東海岸橫穿美國直達舊金山，旅行長達七天。

透過車窗，幾個小時也看不見一個村莊，一個人影。環顧四周大片的田野和廣闊的空間，寂寞感隨之襲來。一群群非洲人在田野裡忙著農事，外祖父好奇地看著那些矮矮的植物問她是否認識。那些是棉花，他們二人又何曾見過呢。兩天後，他們在亞特蘭大停車三個小時，外祖父趁機下車為他的葡萄枝澆了些水。看著車站人來人往，他們發現了這裡的社會等級，走在大街上西裝筆挺的都是白人，而在火車站上為人抬行李的卻都是黑人。即使自己也是白人，不過他很快便意識到相同的膚色並不代表了他們是平等的。外祖父心想有一天他的孩子也會過上富裕的生活，可是外祖母卻沒有那麼樂觀。也許這也是很多義大利移民對夢想和現實不同的理解。火車又持續前進了五天，最終在上帝的保佑下他們抵達了舊金山。

從他們離開義大利起兩個月已經過去了。那段旅途彷彿沒有終點，鄉愁不時地湧上心頭。他們在火車站等了許久之後終於見到了哥哥，這也是數月煎熬旅行後第一次感到如此喜悅。之後他們前往外祖父哥哥工作的農場，他們就此安頓下來。並寫信通知家人一切安排妥當，他在美國仍舊從事著自己的老本行，種植葡

萄。他所在的農場有一片無邊無際的葡萄園，在他出生的小鎮上，外祖父從未見過如此廣闊而美麗的視野。與利佛諾市相比，這裡的氣候有些不同，空氣中透著一絲寒意，向遠方的山丘望去，便是蔚藍的大海，這讓外祖父找到了些許家鄉的味道。

外祖父夫妻二人住在一個單人房裡，其他的設施則和他人公用，但是外祖母最擔心的還是廚房，廚房中間有一個火爐，上方的鐵板用來烤肉，用於煮飯的煤氣爐則只有兩個，完全的美式風格。外祖母是一個地道的家庭主婦，習慣了家鄉的義大利麵和麵包，因此感到有些為難，而外祖父卻很快地投入了新的生活，將他的葡萄藤種在這片葡萄園裡。有了排水良好的紅土地，他相信為家鄉的葡萄找到了一個適於生長的地方。外祖父每週的工資並不高，可是其生活費用幾乎為零。莊園提供了生活的基本需要，因此他們開始數著一美分一美分的增長著一家的積蓄。二人都很高興，但是更讓人興奮的消息便是得知外祖母懷孕了。能夠擁有一個美滿的家庭，像他的葡萄樹一樣在美國紮根便是外祖父全部的夢想了，如今這個夢想似乎在一一實現著。

幾個月的時間一閃而過，葡萄大豐收，接下來便是釀造葡萄酒然後裝瓶。冬天來了，外祖母第一波陣痛時，外祖父就請來了鎮上唯一的產婆。農莊的婦女有過接生動物的經驗，因此也被請來助產。外祖父焦慮地在門外抽噎著，又無法進去幫忙。妻子一聲聲的叫喊令他心痛，時間過去了很久，最後他聽到一聲歇斯底里的尖叫，然後便是一片沉靜。由於臍帶打結，一個小生命悄然離去。

悲傷之餘，他們決定重新試一次。不幸的是，第二胎由於同樣的原因胎兒仍沒能保住。雖然家庭生活屢遭不順，但是外祖父

美國加州的納帕山谷是著名葡萄酒產地 (shutterstock)

的事業卻蒸蒸日上。他勤勞肯幹，認真踏實，對葡萄也很在行。老農莊主決定讓他管理自己的一個農莊。外祖父很快就成為了一個農莊主，他的美國夢也即將實現了。他們搬到了新農莊，外祖父開始剪枝，做著春季準備工作。而外祖母也很高興，因為她終於擁有了自己的廚房。不久後外祖母再次懷孕，等待中，每一天都小心翼翼。終於這一次皇天不負苦心人，生下了一名女嬰。二人可以在美國安心打拼了。他們的生活條件不斷得到改善。他們和自己的女兒一起不斷地適應這個新世界，故友、親人和義大利的那片故土勾勒出記憶中的畫面，那輪廓卻時而清晰，時而空遠。也許有一天他們還會再次回到那片土地上。外祖父和其他義大利人在加州開墾土地，土地肥美，氣候優越為種植葡萄提供了良好的條件。昔日的納帕山谷成為今日美國最負盛名的葡萄酒產地。

外祖父的移民經歷也是大部分義大利移民的縮影。十九世紀

後期到二十世紀上半葉，義大利經濟衰退，戰爭不斷，義大利人迫於種種生活的窘況遠離故土，他們不只是在美國留下了足跡，法國、德國、奧地利、比利時、南美洲和加拿大都是他們落腳謀生的地方。

　　義大利人是聖人、詩人和航海家的民族。世界上最知名的義大利旅行家馬可‧波羅，十三世紀沿著絲綢之路抵達元朝時期的中國，為東西方的文化交流做出了不可磨滅的貢獻；繼馬可‧波羅之後的兩位中世紀旅行家鄂多立克及尼科洛‧達‧康提也曾先後從威尼斯出發途經中亞前往中國；而勇於冒險的克里斯托佛‧哥倫布 (Christopher Columbus) 則更是有所突破，四次橫渡大西洋，成為發現美洲大陸的第一人。幾個世紀以來，義大利人在世界各地留下了他們的足跡，他們為世界帶來了豐富的技術知識，以個人的力量和非凡的創造力，為所在國的經濟發展做出了自己的貢獻。如果說十九世紀之前是出於探索、擴張的目的，那麼十九世紀之後則是為了淘金或被迫於困窘的生活。這一時期的移民尤其在美國、巴西、阿根廷及澳大利亞等國的工業發展中，更是發揮了重要的作用，也許他們的移民之旅是一段段關於思鄉、痛苦甚至死亡的悲劇，抑或是一段段關於成功、成名的勵志故事。義大利移民經過艱苦的勞動和不斷的努力，把機會變成現實，用雙手獲得了新生。他們在異國他鄉也為當地做出了很多貢獻，尤其是在時尚、科學、繪畫、音樂、歌劇等方面更是不容小覷，提起義大利籍的作家、設計師、演藝界人士、運動健將、政治家等比比皆是，如世界頂級服裝設計大師皮爾‧卡登出生於威尼斯，之後移民法國，是時尚界的一個傳奇人物；馬里奧‧索蘭提出生於那不勒斯，年幼時移民紐約，創作了一系列充滿魅惑的時尚攝

影作品，是時尚界炙手可熱的攝影師；第一臺核子反應爐的設計師恩利克·費米則是羅馬人，曾於 1938 年獲得諾貝爾物理學獎，由於戰爭原因移民美國，在發明核子反應爐中起到了重要的作用；阿爾圖羅·托斯卡尼尼出生於帕爾馬，是世界樂壇上影響極大的指揮家，並成為二十世紀最有才華的音樂指揮之一；就連我們今天最常用的電話也是出於義大利人之手，即安東尼奧·穆齊。

　　值得一提的是，很多移居地政府建立並完善移民安置制度，使義大利人在國外很快地融入了當地的生活中，其價值觀念和行為模式等都發生了變化，但有些思想觀念卻原封不動地保留了下來，義大利人信奉天主教，注重家庭，重視傳統節日和民間風俗，但卻不拘泥於形式。另外，他們將悠久的義大利飲食文化帶到世界各地，五百多種形狀各異、口味不同的義大利麵、美味的披薩以及各式料理，讓世界人們了解到這個美食大國的璀璨文化。從某種意義上說，這些海外的義大利人是義大利的另一張名片，無時無刻不以各種最平凡的生活狀態向世人介紹著這座美麗的國度。

家，甜蜜的家

家，甜蜜的家。傳統的義大利人把家庭作為生活的重心，而這個避風的港灣隨著經濟和社會的發展以及人們對住房品質的重視而不斷地變化著。由於義大利南北在經濟、文化和歷史背景上的差異，人們對家的要求也大不相同。為了解義大利近幾十年來住房條件和社會變革，我們不妨以義大利南北較為典型的四座城市為例，加以比較。

杜林是位於義大利西北部的一座歷史名城，1861 年義大利王國建立後定都於此，直到 1865 年才遷都至佛羅倫斯，因此作為統一後的第一座首都和政治中心，這裡成為薩沃伊王室的寶地，大量修建了王室專屬的宮殿、廣場等城市建築，使這座普通的北方城市遂成為一座真正的貴族城市，今日，穿梭於歷史中心，猶如行走於一座露天博物館之中，而四處林立的貴族宮殿和古堡便是其最珍貴的館藏，也是這座城市發展的最佳見證人。

杜林是義大利汽車製造業的搖籃，眾所周知，這裡是義大利最大的汽車製造商飛雅特的總部所在地。杜林與法國和瑞士接壤，優越的地理位置為該地區的工業發展提供了良好的條件，十九世紀末鋼鐵和冶金行業開始從這裡起步。周邊小鎮的村民扔掉鋤頭走進了各大工廠，成為最早的一批工人。第二次世界大戰以後，義大利經濟受到嚴重影響，而杜林則在戰後的重建中脫穎而出，成為第一座迅速崛起的工業城市，其中飛雅特集團的迅速發展為

之做出了不可磨滅的貢獻。戰後重整旗鼓的飛雅特收購了義大利大部分汽車品牌，汽車產量居全國之首，並大量吸收了周邊城市的勞動力。隨著工業的不斷發展，在杜林所在的皮埃蒙特大區，工業領域的企業如雨後春筍般湧現。而義大利南方土地貧瘠，交通不便，導致農業與工業落後，總體來講經濟十分薄弱，從 1950 年代到 1970 年代後產生了第一批移民潮，大批南方移民蜂擁而至，尋找工作機會，一夜之間杜林人口數量成倍增長。這種南方移民潮在一定程度上影響了當地的社會結構，在經濟上，義大利南方移民為勞動力嚴重不足的北方勞工市場提供了大量人力資源；但同時由於不同的生活習俗，再加上大多數南方人都從事著工廠裡最艱苦的工作，社會地位較低，因此外來人口與本地人之間的關係一時間變得極為微妙。

第一批南方移民抵達北方時，通常居住在環境較差的工棚或未竣工的建築裡，破毛毯擋牆，陰暗潮濕；有一些人則住在所謂的城中村，即老城區的地下室或閣樓裡，甚至一些即將被拆遷的破房子和農屋裡，四、五個人同住一間屋子，幾十戶人家共用一

1960 年代的民居

個設置在樓道中的廁所，擁擠不堪，混亂不堪；還有的人住在北方的親戚朋友或同鄉家，住上下鋪，缺乏私人空間，還要看人家臉色，飽受寄人籬下之苦。

很多本地人甚至歧視南方人，租房子時還故意標明：此房不租南方佬。南方人住宿困難的問題很快引起了政府和財政部門的高度重視，因此由國家撥款為南方移民建造新的住宅。1960 年代中期在杜林郊區開始形成了新的居民區，並在工業區附近出現了廉價的簡易房。這些簡易房被當地人稱作軍營，因為所有的建築都一模一樣，四四方方，內部功能簡陋，僅具備了最基本的生活設施：廚房、臥室和廁所，僅此而已，總面積大約六十平方公尺。雖然空間不大，但是至少有了私人的空間。Le Vallette 區、Mirafiori Sud 區、Lingotto 區和 Santa Rita 區都是這個時期形成的新興居民區，也是當時南方移民的聚集地。

這個方案很快便解決了移民的住房問題，可是同時卻出現了另一個值得關注的社會問題：移民與本地人之間的地位差別和隔閡。杜林是工人聚集的城市，經過政府對市區和郊區重新整合與改造，移民的社會地位和生活條件得以改善。

杜林的城市規模不大，2000 年被選定為 2006 年冬季奧運會主辦城市後，為適應大量遊客來訪的需求，在城市交通上做了重大改進，建設了義大利第一列全自動無人駕駛地鐵，在一定程度上緩解了杜林的交通問題。

米蘭是義大利經濟金融的中心，也是一座國際化的大都市。每年兩次的米蘭時裝週，聚集了來自世界的各大媒體和時尚界頂尖人物，米蘭被認為是全球時尚的晴雨表。另外，每年舉辦的國際家具展、國際電子展、國際紡織展等吸引了世界各地的參展商

和買家。如果說羅馬是義大利的政治中心，那麼米蘭就是義大利的經濟中心，這裡匯集了世界各大銀行和金融中心，米蘭證券交易所、義大利信貸銀行、金融分析機構標準普爾，以及一千多家各類銀行都在此營業。米蘭經濟發達，就業機會多，可以為人們提供更多的發展空間。但是如同其他的國際都市一樣，人們需要面對很多問題，生活節奏快，工作壓力大，走在街上，彷彿所有人都在賽跑，沒有人會停下腳步望望四周，沒有人會注意你今天穿了什麼，高傲冷漠也許是米蘭人給世人的第一印象，可是如果你真正了解米蘭人，就會發現也許他們並非如此，只不過在這種競爭激烈的環境中生存，唯有奔跑才能趕上這座城市的節奏。

米蘭以服務業為主，百分之八十的工作者都從事第三產業。這裡外來人口密集，外來文化與當地文化相互交融，據統計，米蘭的百分之十七的居民人口都是外國人，根據移民來源國排位，居首位的是菲律賓人，其次是埃及人、中國人、佩魯人和厄瓜多爾人。 米蘭的外國人分布較為集中， 例如大部分中國人居住在 Canonica 路和 Paolo Sarpi 路一帶，因此米蘭人將 Corso Sempione 大街以內的街區稱為唐人街； 而南美人則主要居住在 Corso Buenos Aires 大街和 Porta Venezia 城門附近。

米蘭本地人對於居民區的選擇也大相徑庭，有的米蘭人熱愛市中心的繁華，如 navigli 區分布著大量保存完好的貴族式建築，這裡是很多米蘭人的首選，另外在 Porta Romana 城門和 Moscova 城門一帶則受到很多上班族的青睞，這裡緊挨著地鐵站，交通便利，幾分鐘便可抵達市中心；而有的則喜歡離開擁擠的市區，選擇一處僻靜之地。 他們會搬到市郊的一些小區如 Merate, San donato milanese 和 Milano due，其中 Milano due 是 1980 年代在一

片荒蕪的農田上建立起來的。合理的規劃、大面積的綠地和公園等齊全的公共設施為市民們營造了優美的居住環境，並解決了很多人的住房問題。

根據一家米蘭房地產公司進行的一項問卷調查「米蘭的上班族喜歡什麼樣的住宅環境？」結果顯示：車位或車庫是必備條件，其次交通便利、居住區噪音小、居住區內綠地面積大、周邊娛樂場所和商店集中都是值得考慮的條件。另外，米蘭人通常比較注重實際，他們不喜歡買太大的房子，尤其是占地面積較大的走廊和門廳，對於他們來說一無用處，不如陽臺來得實際，至少在陽臺上可以呼吸一下新鮮的空氣，緩解工作一天後的疲勞。

談到城市，自然不可忽略羅馬，這座位於義大利中西部的「永恆之城」，是全國人口最多的城市。從古羅馬時代起，這裡便是古文明的中心，遠征歐洲和地中海區域的羅馬人有著兩千七百多年

羅馬街頭一角

的歷史，是義大利文化、藝術、哲學及法律的發祥地。羅馬被譽為「露天歷史博物館」，擁有大量的文化古蹟，其歷史中心被聯合國教科文組織列入世界遺產名錄。古羅馬競技場建立於西元72至82年間，是古羅馬建築的最偉大成就之一，直至今日仍是羅馬的標誌。作為世界歷史文化中心的羅馬每年吸引了一千一百多萬遊客前來參觀，另外，這裡也是國中之國梵蒂岡的所在地，在政治和宗教上有著世界性的影響力。

這裡坐落著奎里納爾宮（Palazzo del Quirinale，總統府所在地）和基奇宮（Palazzo Chigi，總理府所在地），同時也是眾議院和參議院的所在地。作為政治中心，這裡是政客、來自一百三十八個國家的外交官以及各種機構公務員的集中地。平均每二十五個人之中就有一位是公務員。因此在羅馬市自然而然地形成了所謂的富人區帕里奧利，當然富人區並非只是遍地豪宅，帕里奧利富人區擁有自己的氣質。環境優雅、寧靜舒適、空氣清新，遠離羅馬市中心的喧鬧和交通的壅塞是其主要特徵，另外這裡居住的也都是頂級人物，商業大亨、影視名人、國家政要互相為鄰。另外，市中心的主要商業街 via Nazionale 和 via Condotti 也是富人買房的首選地段。而平民區則分布在 Testaccio 區、Trastevere 區、和 Tiburtino 區。這些小區的大部分住宅都是於 1960 年代興建的，為低收入家庭提供了住房的保障。顯然，這些住宅結構單一、風格簡約、價格低廉。

在買房上，羅馬人很注重對地段的選擇，如 Termini 區和 Centocelle 區被認為是較為喧鬧且犯罪率高的區域，在買房時人們會盡量避免。羅馬城內坐落著四十六所大學，彙聚在此的二十三萬學生為這座古城增添了活躍的氣息。大部分的學生都居住在

巴勒莫街頭的噴泉
(shutterstock)

市中心，這裡距離大學較近，各種酒吧、披薩店、超市、藥店等為學生的生活提供了更多的便利條件。穿梭在羅馬的大街和古建築之中，不同的人從身邊經過，你不僅可以感受到各種文化的交相輝映，也可以體會到羅馬古老與現代的完美交融。

　　位於南部的巴勒莫是西西里島的首府，也是一座迷人的港口城市。這裡地中海式的溫暖氣候為柑橘和檸檬的生長提供了優越的條件，被譽為「金盆底」。巴勒莫是地中海上最重要的城市之一，各種風格的古建築並存，有著重要的藝術文化價值，是義大利最受歡迎的旅遊景點。市中心的教堂、噴泉、貴族宮殿、廣場風格各異，極具異國色彩。巴勒莫深處地中海，是人們享受慢生

活的勝地。充足的陽光、碧藍的大海造就了這裡慵懶的氣氛，巴勒莫人熱情好客，與世無爭，也許這也跟當地輕鬆愜意的生活有關。

漫步於巴勒莫的街頭，仍然可以看見極具特色的當地市場，尤其置身於 Vucciria 區和 Ballarò 區，市場的喧鬧和叫賣聲讓你彷彿穿越時空，來到了幾世紀前。

巴勒莫人對自己的土地有著極為濃厚的感情，無論走到哪裡，都不會忘記魂牽夢縈的故鄉。那些在他鄉工作的巴勒莫人每當遇到同鄉都會格外興奮，聚在一起便開始講起自己對家鄉的思念：仰頭看掛在高處的彩衣招展；遇見老朋友親切地擁抱問候；同汲著拖鞋的柑橘店伙計聊著家常；三五成群到街上買香炸奶酪卷；……這些想必是他們共同的美好回憶。

來巴勒莫的人們不但可以體驗輕鬆自由的地中海生活方式，這裡的美味也一定不會虧待你的胃。溫暖的氣候，無論什麼時候造訪，都是旅遊的好季節。因此很多人都特此在這裡買一座面朝大海的房子，每年前來度假。今日居住在市中心的居民大約有兩萬多人。而大部分的巴勒莫本地人都居住在遠離市中心的 via libertà 路和 via roma 路一帶。第二次世界大戰時，市中心的很多建築物遭到轟炸，因此當地的市民們都逃離到郊區，後來規模逐漸擴大最終形成了今日的居民區。

從義大利北部到南部，也許這四座較為典型的城市可以讓我們對義大利居民住所有一定的了解。義大利百分之七十五的國民都擁有一間屬於自己的房子，居歐洲之首，而其中百分之十五的國民採用抵押貸款的方式購置。由於義大利證券市場波動較大，而房地產則是一種相對安全的投資方式，因此大量資金不斷湧入

房地產行業。今日義大利的房屋建築逐漸向現代化和科技化的發展趨勢靠攏：越來越多的家庭更加注重房屋的實用性。無論南北，房屋都是義大利人最重要的一項投資，不難看出義大利人對家庭的重視，豪華也好，簡樸也罷，家都是義大利人最溫暖的地方，每天晚上能夠與全家人在廚房裡精心地準備一頓晚餐，聊著周圍的趣事，便是最甜蜜的事情了。

義大利南方的古老小巷

義大利現代化的城市大樓

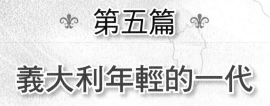

第五篇

義大利年輕的一代

粉紅仲夏夜

粉紅色的夜晚，夜如其名。全城都在粉紅色的籠罩之下，到處都瀰漫著浪漫的氣味。粉紅色點綴著這個不眠夏夜，這個盛大的節日受到了所有人的推崇。與其他節日不同的是，這個節日並非具有宗教或者國家歷史紀念性意義，而是起源於北方的艾米利亞─羅馬涅大區，其初衷是為了推廣當地的文化並刺激旅遊產業進而發展當地經濟。義大利人普遍認為艾米利亞─羅馬涅大區的人們最具有商業頭腦和經營才能，從這裡的確可以窺見一斑。

粉紅仲夏夜是一個年輕而特別的節日，首次始於 2006 年 7 月，從此之後每年 7 月最後的一個週末被定為粉紅仲夏夜。這個節日在同類節日中獨樹一幟，因為在義大利境內只有一個地區慶祝該節日，那便是艾米利亞─羅馬涅大區。該大區位於義大利北部，是義大利二十個大區中最發達的大區之一，東臨亞得里亞海，北抵波河，南至亞平寧山脈，由艾米利亞和羅馬涅兩大區域組合而成，橫跨義大利東西海岸，海洋、山地和平原三種地形的結合使艾米利亞─羅馬涅大區擁有了令人窒息的美景和才華橫溢的大師級人物。

位於該大區東部的羅馬涅有著綿長的海岸線，是義大利乃至全歐洲的「遊樂場」，這裡匯聚了最頂級的舞廳，如 Peter Pan、Baia Imperial、il Cocoricò 等在世界上享譽盛名。此外，還有很多

以粉紅為主題的商店

一流的職業 DJ 前來演出，例如 Bob Sinclair、Armin Van Buuren、David Guetta 、 Fat Boy Slim 這些深受人們喜愛的世界級 DJ 都曾前往這裡與當地人共同體驗音樂的激情。除此之外，還有不計其數的遊樂場、夜店、酒吧以及可觀望海景的豪華餐廳為遊客們提供了各式各樣的娛樂方式，再加上各家酒店精心所打造的完美入住環境，不論是攜帶孩子的夫妻、年輕的背包客、還是年過六旬的退休人士都會在這裡找到舒適的住處和適合自己的休閒方式。持續兩天的慶祝活動有力地帶動了當地的經濟，增加了遊客人數，據統計，每年節日期間僅旅遊業的收入就高達一千五百多萬歐元。

　　每年夏天，這裡是各大音樂盛事的舉辦地。音樂無處不在，只要你翻開當地的報紙，便會發現該大區各種音樂會、演唱會及歌劇演出的海報，當然不只是在這座大區的主要城市如波隆納、費拉拉、摩德納、帕爾馬舉辦，就連只有兩千人的小鎮也會有很

多豐富的活動。音樂塑造了這裡的人們開朗的性格,他們熱情好客,擅於談吐,同義大利其他大區相比,這裡的人們似乎更加快樂、更加活躍,生活幸福指數要相對高很多。蔚藍的大海、柔軟的沙灘的確能帶給人一種放鬆的心情,很多當地人也許前一分鐘還是坐在辦公室裡的經理、律師、銀行的職員或者酒吧裡的服務生,下班後他們換掉西裝、摘掉領帶、脫下皮鞋,穿上一件清涼的泳衣,融入海灘上快樂的人群之中,工作的煩惱與生活的不快似乎都被一陣陣的海浪捲走了。

從 1970 年代開始,這裡陸陸續續從國內型旅遊勝地轉變成外國遊客所青睞的目的地,尤其是德國、美國、英國、俄國的遊客蜂擁而至,義大利對於來自寒冷地帶的人們來說,的確是一座人間的天堂,這裡有充足的陽光、柔軟的沙灘、悠閒舒適的環境以及應有盡有的娛樂設施,優質的服務和完備的設施為該地區的旅遊業錦上添花,也為當地的經濟發展帶來了活力。當然,吸引遊客的還有當地人熱情好客的待客方式,在當地一直流傳著一段關於好客的傳說。在位於東部的弗利 (Forlì) 小鎮上,曾修建了一座 Bertinoro 廣場,在廣場中心矗立著一座古老的紀念碑,上面鑲嵌著無數的鐵環。那麼這座紀念碑有著怎樣的歷史呢?傳說在中世紀,這個小鎮上的居民極為熱情好客,有時,他們會為由誰來招待前來參觀的外地人而吵得面紅耳赤。這跟當時獲得消息方式的單一性也有一定的關係,因此他們期待能夠結識更多的外地朋友,一是幫助外地人更了解當地文化,同時也可以開闊自己的眼界,聽一聽外面所發生的故事,了解其他地方的風土民俗。為了避免這種無休的爭執,最終,鎮上的人決定在廣場中心建立一座紀念碑,有意願招待外地人的家庭便在紀念碑鑲嵌上一個刻有自家名

字的鐵環。外地人騎馬前來，將馬拴在鐵環上，客人自然而然就由刻有名字的主人來招待。今天，這種習俗已經不復存在了，但是人們熱情好客的傳統美德卻被一直保留至今，每逢當地的特殊節日他們都會邀請外地遊客到自家品嘗道地的特色菜。

艾米利亞－羅馬涅大區擁有悠久的美食傳統和數不勝數的歷史文化古蹟。這裡是美食的天堂，來自世界各地的頂級廚師和美食作家都曾來這裡尋覓靈感，義大利烹飪之王 Pellegrino Artusi 也曾慕名前來品嘗這裡的美食。當然每座城市都有自己的地方特色菜。享有盛名的大區首府波隆納 (Bologna) 便是一個典型的例子。波隆納是義大利最古老的城市之一，也是一座藝術文化名城，整個市區仍然保留著十三世紀的模樣，市中心建築的屋頂多以土紅色和土黃色為主，顏色強烈卻透著一份優雅的古城氣息。這裡匯聚了歐洲最古老的大學和聞名遐邇的波隆納美食，無怪乎贏得了 "La Dotta"（學者城）和 "La Grassa"（胖子城）的美稱，波隆納擁有許多著名的傳統料理，例如絕妙滋味的千層麵 (Lasagne)、波隆納香腸 (mortadella)、湯汁香濃的小餃子 (tortellini)、香氣撲鼻的波隆納番茄肉醬 (ragù alla bolognese) 等都屬於當地的特產，想來波隆納曾被評選為義大利最適宜居住的城市，美食應該算是加分的一項吧。距波隆納五十公里以外的費拉拉位於該大區的東北

古城波隆納 (shutterstock)

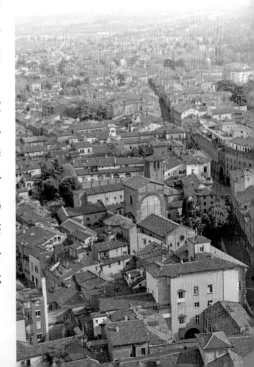

部，雖然城市規模不大，但卻吸引了無數學者、藝術家前往，也是名人輩出的地方，這裡培育了文藝復興時期著名詩人路德維柯・阿里奧斯托、義大利新現實主義導演安東尼奧尼。

費拉拉的特色料理以南瓜為主要食材，如南瓜餡餃子、每年舉辦很多以南瓜為主題的民間節日。而摩德納則位於波河南岸，是世界著名男高音帕華洛帝的故鄉，這裡以其巴薩米克醋 (aceto balsamico di Modena) 聞名世界，另外，很多丘陵上長滿了各種菌類和比黃金還要貴重的松露。

離開該大區的內陸城市，向海邊出發，便會抵達里米尼 (Rimini)，它是這座大區乃至義大利最著名的海濱度假城市之一。

波隆納香腸（右）、小餃子（下）及波隆納番茄肉醬麵（左）(shutterstock)

對於喜愛海洋、沙灘、夜生活和美食的人們，這裡絕對是一個不錯的選擇。各種聚會和沙灘派對成為年輕人的天堂。當然，這裡的美食也自然有其吸引人之處，羅馬涅大區東部薄餅便是一例。這種薄餅製作簡單，只需麵粉、水、豬油和食鹽即可。雙層薄餅中間通常夾有生火腿、香腸、鮮軟奶酪、義式薄火腿、蔬菜沙拉等，味道香濃韌勁十足的夾心薄餅與濃濃的節日氣氛交相呼應。在這片歡樂的海洋裡，也許你和周圍的人都不認識，可是當你融入到這種氛圍中，大家像老朋友一樣有著聊不完的話題，又或許是因為當地人熱情開朗的性格感染了周圍的每一位遊客，使遊客在盡情歡樂的同時也感受到賓至如歸的款待。每一年這裡都匯聚了兩百多萬來自義大利各地和世界其他國家的遊客共同慶祝這個仲夏粉紅夜。艾米利亞一羅馬涅大區東部一百一十公里的海岸線到處洋溢著歡樂，從海岸線的起始端里米尼到最南邊的拉文納，很多免費的老式火車和電動機車穿梭於兩地之間，給遊客們帶來了非同一般的體驗。

　　按照節日傳統，海濱到處都點綴著粉紅色：從沙灘上粉紅色的躺椅到各個商店的粉紅色裝扮，從商業街兩旁粉紅色的街燈到各家飯店的粉紅色菜單，就連海上的遊艇也裝扮成了粉紅色，一座座廣場，一座座歷史建築在粉紅色的光暈下別有一番風情。各家商店在節日期間也花樣百出，吸引遊客。有的商店甚至展出巨大的洗衣機，大到可以鑽進很多人，洗衣機像魔術師一樣將鑽進裡面的人都染成了粉紅色。

　　按照慣例，節日期間人們都穿上粉紅色的衣服，帶上粉紅色的裝飾品，穿梭於各種派對和活動中。自然也少不了精心為節日準備的粉紅色食品：粉紅的雞尾酒、粉紅的披薩、粉紅的義大利

麵，就連甜點也是粉紅色的。除此之外，還有專門為孩子們準備的節目。廣場上上演著一齣齣精彩生動的木偶戲，街頭藝人演奏著歡快的音樂，孩子們舉著粉紅色的氣球遊戲著，追逐著，玩累了，還有粉紅色的棉花糖等著他們呢。接近仲夏粉紅夜的尾聲之時，人們在海邊燃放煙火，絢麗多姿，璀璨的煙火照亮了整個粉紅色的海岸，將整個夜空裝扮的美麗如畫，與粉紅色的節日主題交互相應。義大利民族是一個喜歡熱鬧、熱愛慶祝的民族，一年中有三分之一的時間是各種節日便是最好的證明。作為歐洲人文主義的發源地，可以說義大利人將這種人文主義和人文精神發揮到了極致，當然，這種對幸福和自由的追求並非與享樂主義或狹義的個人主義掛鉤，而是在於解放人們的思想，將人們從現實生活中的各種牢籠中脫離出來，感受精神的自由和生活的美好，而不是刻板地生活，陷於工作之中。也許正是這種自由的氛圍，給眾多的藝術家帶來了無限的靈感，即便是個性深沉嚴肅的人，在這裡也會創作出色彩清新明快的作品來。

十八歲的成人儀式

從1930 年開始，義大利將二十一歲定為法定成人年齡。1975 年，根據《義大利共和國憲法》的調整，最終規定法定成人年齡為十八歲。

在義大利，年滿十八歲的公民意味著享有投票權和參與政治的權利。另外，十八歲也是一個圓夢的年齡，孩時夢想著有一天能夠像大人一樣開著車，年滿十八歲以後便可以參加夢寐以求的駕照考試了，當然也意味著要履行法律規定的義務。戰後的義大利實行義務兵役制，男子年滿十八歲後強制性服兵役，服役期從二十四個月到十個月不等。直到 2005 年才廢除了義務兵役制，開始實行志願兵役制。在這之前，服兵役是每個義大利家庭和孩子的一件要事，年滿十八歲後的青年會收到政府寄來的一份綠色通知書，所以如果郵箱裡出現了綠色信封，便說明是離開家鄉的時候了。

幾十年前，很多小鎮上的青年得知同齡的伙伴收到了服兵役的通知書，猜想不久後自己就要離開，於是很多人出於擔心和不情願服兵役的心理離家出走，他們躲到深山裡或農田間，當地的憲兵不得不四處尋找。這也成為了小鎮居民們談天說地的一個熱衷話題。但從積極的方面來看，軍旅生活可以豐富人生的閱歷，培養克服困難的能力，達到強健體魄的目的，同時也是走向成熟的一種蛻變。但有的青年不願意參軍也自有其因由，首先他們必

須離開原有的工作崗位，這就意味著服完兵役後便步入了失業大軍，需要重新尋找工作，幸運的是這種情況到 1986 年以後得以改觀，復員後的軍人可以重新回到原有的工作崗位上；其次青年人要面對離別之痛，服役期限由最初的二十四個月縮短到十個月，但是，在這段期間遠離家鄉，無法見到家人和愛人，不捨和傷心是難免的情緒。而最不希望兒子去參軍的自然是所有的母親們，二戰的炮火早已熄滅，可是她們對戰爭的恐懼卻不曾消逝，那些二戰時炮火連天的畫面仍像昨日一樣在腦海裡一遍遍的浮現著。因此她們希望自己的孩子從此遠離武器和戰爭，過著平平安安的生活。相反，參加過戰爭的父親們則持有自己的觀點，如果孩子們能夠像自己當年那樣英勇為國家效力，也是一件光宗耀祖的事情。

　　二戰以後，義大利政府為了促進南北方的融合和團結，將北方的士兵發派到南方，而南方的士兵則到北方駐軍。這種政治舉措不但達到了預期的效果，同時也促成了兩種影響至今的社會現象。一是為很多青年人提供了一次走出去的機會，對於大部分人來說都是第一次離開自己的城市去外面開闊視野，了解不同的城市，結識來自各個大區的同齡人；二是興起了義大利南北通婚的大潮，南北歷史背景與文化習俗各不相同，兩地人互相也抱有一定程度的偏見，從兩地人對彼此的稱呼上便可窺見一斑，北方人戲稱南方人 "Terrone"，即土人，農民，而南方人則輕蔑地稱北方人 "Polentone"，意為喝玉米粥的人或性格粗魯的人，而隨著通婚比率的增加，南北兩地的居民對彼此的偏見逐漸縮小，血緣融合，也促進了兩地的互相了解。

　　如今的和平年代已然不需要這些擔心，實行了一百四十三年

的義務兵役制已被取消。十八歲參軍的話題也至今成為歷史，可是十八歲依然是人生的一個分水嶺，當然也少不了盛大的慶祝儀式。十八歲的成人典禮被看做是人生的又一大事。美國電視劇裡的青少年裝扮和生活方式成為義大利青少年爭相模仿的對象，就連各式派對和成人典禮也越來越偏於美式風格。最為時尚的成人典禮通常在私家別墅裡舉辦，各式美食、生日蛋糕，必不可少的還有成箱的啤酒和各式烈酒，酩酊大醉無怪乎是結束這個不眠之夜的「最佳」方式了。儘管義大利政府一再通過媒體和學校宣傳酒精對身心健康的不利，可是過度酗酒仍舊是一個棘手的社會難題。根據一項調查，結果顯示五分之一的青年人酗酒的目的只是喝醉，另外一項令人驚心的調查結果則為每年酒後駕車扼殺兩千八百多名青少年的生命。翻開各大報刊，過度酗酒死亡的報導隨

充滿想像力的檸檬酒

調侃的酒精廣告

處可見,並無時無刻不提醒著義大利政府:必須採取有力措施處理青少年酗酒行為。米蘭市於 2007 年通過了一條法令,對所有十六歲以下開始飲酒的孩子的父母及向未成年人出售酒精或含有酒精的混合型飲料的酒吧進行高額罰款。義大利國家電視臺 RAI 也通過公益廣告的方式勸誡青少年不要酗酒。

十八歲意味著可以不再依賴父母;十八歲意味著自由和獨立;同時也意味著責任,可是對於有些人則意味著駕照和轎車;意味著無節制、無約束的生活,甚至是不計後果的狂歡。往往僅是表面性地意識到所需承擔的法律責任,但在思想上卻未必做好了轉變成一個真正成年人的準備。在很大程度上,家庭的教育起著關鍵的作用。戰後,每個家庭依然是傳統式的家長制,父母採取嚴格的教育方式。子女要聽從父母的安排,相對來講,要承受很多的家庭束縛。今日,家庭成員的角色發生了一定的變化,父母忙於工作,疏忽了對未成年子女的管教。義大利大部分家庭都是獨生子女,因此溺愛的現象也較為嚴重。在很多義大利家庭中,父母對子女的約束力也越來越弱。幾十年前,未成年人出門前要獲得父母的允許,並且必須在半夜前回家。而今凌晨的大街上隨處可見青少年拎著酒瓶和同伴們醉醺醺地從一家酒吧串到另一家酒吧,即使凌晨五點回家也不稀奇。

由於父母工作繁忙,很多家長將子女託付給爺爺奶奶照顧,因此近年來爺爺奶奶在家庭中的角色發生了一定的變化。老人退休在家,有充裕的時間,也有足夠的耐心和愛心,能夠對孩子傾注更多的感情和時間,爺爺每天接送孩子上下學,陪伴他們去體育場踢足球,每日接觸感情日漸深厚,並建立了一種比父子還要親密的祖孫關係。

羅馬街頭的青年活動

　　另外，學校與家長之間互動較少，每年只舉行兩次家長會，家長對孩子的學習和成長情況了解不深，對孩子缺乏督促並導致其喪失自律能力。不少青少年缺乏傾訴心聲的正確途徑，進而走上不健康的道路。

　　2003 年，一位年僅十七歲的未成年女作家轟動了整個義大利，這位來自義大利西西里島的女高中生以筆名 Melissa P. 出版了《床前一百次梳理亂髮──十七歲少女的愛欲日記》一書。在書中，她以日記的形式詳細描述了自己與同學、老師、已婚男人以及網友所發生過的性經驗。新書出版後，其大膽而詳細的描寫在輿論界引起了一片譁然，令人咋舌的同時，反映了關於每個家庭最為嚴肅的問題。

　　在梅麗莎 (Melissa P.) 看來，在她成長的過程中，父親不在身邊，母親忙於工作，長期以來，父母根本不了解她在做什麼、需

要什麼，甚至從四歲開始唸書的時候起，她的父親就從來沒有過問過她的生活。也許梅麗莎本是一個平凡的少女，也曾對愛情和家庭的溫暖充滿了美好的嚮往，「我缺少的是愛，希望你輕撫我的髮絲，我最想要的是能溫暖我心的視線。」她以為肉體的妥協或許可以換來一絲真愛，然而卻要為之承受無數煎熬和社會的道德評論。

梅麗莎的自身經歷在一定程度上折射出很多義大利青少年遇到的問題。義大利社會學家們認為，一些青少年在成長過程中出現問題，與社會有著密切關係。在義大利，不時發生的暴力事件或夫妻離異，這給子女們幼小的心靈留下陰影甚至創傷；有時夫妻雙方忙於工作，無暇顧及孩子的成長，結果就放任子女去「自由發展」。還有一種情況則恰好相反，父母對孩子體貼備至，父母將孩子託付給學校教育，在家裡甚至任由孩子經常蜷在沙發裡看電視或打電玩。父母希望給孩子最好的一切，彌補他們童年裡所缺少的。與孩子成為朋友，和孩子像朋友一樣平等交流，這本是一種好的教育方式，可是過於縱容孩子的錯誤，這種溺愛給孩子的成長帶來了很多不利的影響，導致他們長期在家裡受到過多的呵護，一旦走上社會面臨就業、住房等問題時，往往就顯得束手無策。

另外，青少年的成長與社會環境相關。如今，生活水平的提高使孩子們普遍發育提早，身體和思想都相對早熟。由於資訊傳播途徑非常廣泛，網路媒體的資訊量不斷增大，青少年面對著各式各樣的誘惑，如果缺乏正確的教導不免步入歧途。因此，社會學家已向社會各界發出呼籲：現在該是更加關注青少年健康成長問題的時候了。正如義大利輿論所指出的，梅麗莎的這本情色自

傳提醒人們：家長該如何處理與青少年的關係，家長們該如何恰當地保護他們，這是義大利所有家庭、學校以及社會各界必須嚴肅思考的一個共同問題。

當開啟香檳酒，與家人朋友共同慶祝成人儀式，那美好的時刻，從那一剎那起便意味著走進了成人的世界。義大利社會對這一群體寄予的期望有餘，而關心卻不足，相信這也是義大利需要急於解決的問題。十八歲的成人儀式也許僅是人生中的一個轉折點，是每個人都必須經歷的成長階段。他們將脫掉孩時的稚嫩和少年的叛逆，在享有權利的同時也應學著承擔起更多的責任和義務，十八歲於社會，於個人都意味深重。

畢業典禮

每年的 3 月、6 月和 11 月是義大利的大學畢業季。大學附近的街道上頓時間熱鬧非凡，人們從四面八方趕來，專程前往參加這意義非凡的畢業典禮。頭頂翠綠的桂冠，手捧鮮花與香檳酒，西裝筆挺的畢業生在家人朋友的簇擁下走上街頭，神采飛揚。人們開著玩笑，唱著詼諧幽默的畢業歌曲 "Dottoooore, dottoooore..."，城牆上到處貼滿了畢業生的怪異照片，也許他們穿著泳衣，也許正在洗手間刷牙，也許還在夢鄉之中，這些生活的點點滴滴都被拍攝下來，為的是畢業典禮的那天，貼到各處，以這種獨特的方式向世界介紹自己，宣布結束學業這一重大消息。因此義大利人的畢業典禮，除了論文答辯時的那份嚴肅之外，還有一絲娛樂大眾，與人共享快樂的味道。

義大利的大學可謂是開創了高等教育的先河。大學的創建源自人類對知識的不懈追求，以及對了解世界的強烈願望。這種高等教育機構最早出現在十一世紀的義大利，其雛形誕生於修道院與教堂之中，一些知識淵博的鄉間教士開辦了圖書館和學校，隨著時間的推移，這種教學模式推展到城市，由牧師在大教堂開設課程，吸引了來自各地的學生匯集在一起聽他們講課，隨著學生人數的增加，講師和牧師也越來越多。可以說，這種最初的大學並非是現代意義上的大學或教育機構，而是由教師或學生自發組織的行會或團體。而大學講師在當時起著一定的社會作用，他們

波隆納大學 (shutterstock)

被稱為使者，城市間的調解人或現代意義上的法官，與城邦國合作起草法律章程。

　　毫無疑問，義大利是歐洲最重要的文化中心之一，擁有世界上最古老的大學。其中，建立於 1088 年的波隆納大學被譽為「大學之母」，至今已有九百多年的歷史。波隆納大學成立以後聲譽很快就在整個義大利乃至歐洲傳播開來，成為歐洲的學術聖地，吸引了各大學者和求學之人爭相前往。走進歷史深處，我們不難發現那一長串炫目的名字：文學巨匠但丁、尼德蘭（今荷蘭）人文主義者伊拉斯莫斯、人文主義之父佩脫拉克、文藝復興時期的偉大詩人托爾誇多‧塔索、著名哲學家思想家皮科‧德拉‧米蘭多拉、波蘭天文學家哥白尼，當然還有很多未載入史冊的名人和曾經在此求學的學者們，他們是這座古老大學的發展史上最耀眼的

明珠。如今這所大學共有二十三個學院，註冊學生達八萬多人，並設有五座校區，主校區位於艾米利亞─羅馬涅大區的首府波隆納，其他校區分別位於拉文納 (Ravenna)、弗利、切塞納 (Cesena) 以及里米尼，另外在布宜諾斯艾利斯還成立了一座海外分校。以其高水平的教學品質、豐富的教學資源和雄厚的師資力量成為義大利二百多所大學中的佼佼者。當然，義大利的每所大學都有自己的長項。

羅馬一大則是歐洲最大的大學之一，由教皇博尼法焦七世建立於 1303 年，也是目前義大利最大的國立大學，在校學生約達十四萬人。2010 年國家教育改革後，大學共設有十一個學院，一百三十多個研究中心及系所，二十一座博物館和五十九座圖書館。該大學以法律專業著稱，並以其一流的師資吸引了千萬學子，這裡培養和造就了大批優秀人才，其中現任歐洲央行行長德拉吉、飛雅特集團上任主席切薩雷‧洛米蒂、義大利央行行長維斯科、義大利眾議院議長菲尼以及前義大利眾議院副議長羅拓拉都曾在此學習。

除國立大學之外，義大利也有很多所私立大學，其教學品質與國立大學旗鼓相當。其中，最著名的私立大學便是位於米蘭的博科尼大學，此院校創立於 1902 年，其經濟學和金融管理學在國際上享有很高的聲望，在全世界商學院排名中名列二十。雄厚的師資力量和優越的地理位置奠定了它如此重要的國際地位。米蘭是義大利的經濟金融中心，也是歐洲四大經濟中心之一，各大銀行、金融中心和交易所匯集於此，而博科尼大學正是義大利「經濟首都」米蘭的最重要的人力支柱，為其源源不斷地輸送了一批批財經精英。不過，這所大學並不好進，其門檻如此高，也自有

它的道理，如足球隊國際米蘭的贊助商倍耐力輪胎集團總裁普羅維拉、義大利最大的石油集團埃尼石油集團首席執行長保羅・斯卡洛尼、義大利央行副行長薩柯曼尼、義大利現任總理蒙蒂、義大利工業協會主席艾瑪、義大利財政部長派多亞夏歐帕等都曾於博科尼大學就讀。博科尼大學在經濟學科上有著其他大學不可比擬的優勢，每年吸引了全世界大批的青年人前往米蘭，爭相成為博科尼大學的一名學子。

私立大學的師資力量和學科專長無庸置疑，但學費卻極為昂貴，因此每年國立大學可以吸收大量的學生名額。據 2010 年的排名顯示，義大利最優秀的國立大學依次排名為：波隆納大學、羅馬一大、帕多瓦大學、米蘭國立大學以及米蘭理工大學。義大利大學的整體特點除自由入學制度之外，布局較為零散，沒有封閉式的校園。其原因在於早期的大學在開辦時沒有真正的地產，大學極富流動性，課程多設在歷史中心的宮殿或古建築中。因此這種傳統和自由學術風氣延至今天，使得每座大學的各大院系遍布全城。義大利的國立大學具有全民化的性質，高中畢業之後便可直接升入大學，只有個別專業如醫學、建築學、藥學等需要參加入學考試。另外，義大利大學與其他歐洲國家相比學費低廉，即使對於經濟狀況不樂觀的家庭也不會造成過重的負擔。據統計，每年大約有二十九萬學生註冊大學，即百分之七十二的高中畢業生選擇繼續深造，以便增加其就業機會。

目前，義大利大學各大院系中註冊人數最多、最受歡迎的專業即是醫學專業，其原因在於這項專業的就業方向明朗，就業率相對而言較高。但是學科難度大，並需要參加升學考試，因此很多學生只能望而卻步。

頭戴月桂冠的畢業生

受訪者齊奧爾加今年二十四歲，剛於波隆納大學的土木工程系畢業。畢業的大日子，所有的朋友和家人都前來為她慶祝。論文答辯之後，她戴著畢業生桂冠，在波隆納市中心的拱廊下與所有人一起開香檳酒慶祝。桂冠自古以來就被當作勝利的象徵，無論是凱旋歸來的勝者拿破崙、凱撒大帝還是中世紀詩人但丁都被冠以桂樹枝葉製成的花冠，以示榮耀與傑出，而如今桂冠則被賜予畢業生，以象徵個人完成學業並獲得淵博的知識。按照慣例，畢業典禮一定會在飯店擺上幾桌酒席，或者在別墅的花園內舉辦一場私人派對，與家人朋友共同慶祝，其熱鬧程度不亞於婚禮。在熱鬧與狂歡背後，不得不讓人思考甚至擔憂的便是自己的未來。疑惑與擔心未知的明天是大多數畢業生心中的一片烏雲，即將走入社會的他們，是否能找到一份能夠學以致用並有發展前途的工作依然是一個巨大的問號。近年來，年輕人就業成為一個社會的大難題，即便考慮可以到外省或其他城市工作，機會也並不是很多。網上的各種招聘訊息、各大招聘網、主要城市的招聘會等層出不窮，可是求職者卻越來越多。根據 2011 年義大利統計局公布的數據顯示，義大利十

五歲至二十四歲之間的青年失業率高達百分之三十一，是歐盟國家內繼西班牙之後失業率最高的國家，而全球各國十五歲至二十四歲之間的年輕人平均失業率為百分之十二，相較而言，義大利居高不下的失業率狀況的確讓人擔憂。義大利的勞工法保障了在職的工作人員，而隨著經濟危機的產生，很多企業為了維持經營只提供為期幾個月的臨時性合同，合同到期後，他們就又重新返回到失業大軍的行列之中。在這種惡性循環中，很多大學畢業生或專業技術人員都選擇出國找一份穩定的工作，由此導致了義大利人才外流數量不斷增加。雖然義大利仍然是世界上的經濟強國，但是求職難的現象卻非常普遍，其主要原因在於，義大利勞務市場的不透明化，找工作主要依靠人際關係和私人推薦而不是才智，這種社會陋習令很多受到良好教育卻不得志的義大利年輕人感到失望。另外，科研資金不足，使得很多科學家、研究員等知識分子投奔美國、英國等重視科研的國家謀生。雖然義大利是一個移民大國，但是大部分的移民都從事於勞動密集型產業，到義大利來的外國知識分子遠遠少於離開義大利的本國知識分子。這種差距使人才外流的現象成為義大利的一項嚴重社會問題。

　　義大利大學培養出一批批有為青年，可是公共機構、企業乃至整個社會卻無法吸收。義大利近年來教育改革不斷，並削減大學數量、大學的教育經費以及政府支助。因此，畢業生只能去國外尋找工作機會，發揮所長。這些外流的人才，在科學、經濟、技術、藝術等方面為所在國作出了巨大的貢獻，如無線電技術的發明人古列爾莫·馬可尼向義大利政府請求資助未果後，前往英國在其政府的資助下取得實驗的成功，並獲得了諾貝爾獎；義大利神經病學家和諾貝爾醫學獎獲得者麗塔·列維－蒙塔爾奇尼；

前往美國曾任費城醫學院移植中心主任的馬力諾；全球最優秀的經濟學家之一，現任美國國家經濟研究局專家的艾爾波托‧艾萊斯那；世界上第一個微型處理器的發明人義大利籍電機工程師佛德利克‧費金；世界建築領域的頂尖人物義大利著名建築師馬西米利亞諾‧福克薩斯……。義大利移民國外的人數占總人口的一半，當然一部分人的離開歸根於歷史原因，但這龐大的數字足以引起義大利政府的深思。

盛大的畢業典禮之後，畢業生們所要面臨的將是人生的另一個階段。由於義大利國內的經濟狀況，走出義大利似乎成為很多畢業生無奈的選擇，他們將之看做是展開人生新畫卷的重要途徑。這種人才流失的情況使得義大利專業技術人才嚴重缺乏，科技發展速度減緩，但是政府卻無法找到解決問題的方案阻攔年輕人離開的腳步。或許增加科研資金與研究項目，引進外資，確保穩定的工作市場，制定有力的就業政策，增加就業機會是政府及各大部門的努力方向，另外，年輕人也應該在真正進入社會之前，參加實習，熟悉工作環境，掌握一定的工作技能，將理論性的知識運用到實踐之中，充分地做好就業準備工作。

義大利的 Mammoni

Mammoni 一詞在義大利語中表示過於依賴母親，戀家的男人。那麼義大利男人為何如此依戀母親呢？世界上的每一位母親都對自己的孩子疼愛有加，而義大利母親更是有過之而無不及，特別是對男孩子，長期以來便導致男孩子對母親產生了一種強烈的依賴，即便成人後也依然如此。

義大利人傳統的家庭觀念根深蒂固，其中，母親在每一個家庭中都扮演著至關重要的角色，她們是家的核心，她們要照顧全家人的起居，擔負起教育子女的責任，可謂是任務繁重。但有時，這種過度的關心便演變成對子女的一種干預。當然，這種現象的產生也有其一定的歷史因素。第二次世界大戰期間，所有的男子都被徵入軍隊，遠赴戰場，長期無法與家人見面。殘酷的戰爭奪取了很多人的生命，使很多母親們永遠地失去了自己的兒子。她們支持並鼓勵兒子應該為國效力，可是又擔心他們一去不歸，這種矛盾便促成了義大利母親對子女特有的情感，母親與兒子的關係從戰爭年代開始發生了許多變化。

1950 年代，一個義大利典型的家庭裡，每個人都有著自己特定的身分。一家之主自然是父親，而母親則是地地道道的家庭主婦，全心全意相夫教子，第二次世界大戰結束初期，人民仍處於水深火熱之中，糧食供給不足，但是母親對孩子卻永遠是最慷慨的，而這種過度的愛護與關心從而導致孩子養成了依賴性強，缺

乏責任心的不良習慣。在那個年代，每個家庭子女多，全家老小
都住在同一個屋簷下，幾世同堂的現象非常普遍。孩子們結婚後，
仍舊和父母住在一起，即使搬出去，也會尋找一處離父母家較近
的地方，可以說是道地的乖孩子，他們對父母言聽計從，對長輩
極為尊重，甚至在住房分配和生活方式上也反映了這一社會特點。
父母將自己的土地和房產平均分配給子女，而子女們結婚後將在
父母家附近建造新的房子，其實卻只是名義上的各自為政。另外，
在義大利北方和中部大區的居民們慣於建造大的房屋，這樣一來，
子女們便可以繼續和父母一起住。這種三世同堂的情況至今在義
大利的很多鄉村地帶仍然不難發現。義大利是歐洲經濟最發達的
國家之一，關於這樣的情況，也許只有了解它的過去歷史才可以
深刻體會其特殊性。義大利人是一個家庭觀念強烈的民族，家庭
是他們生活的重心，「兼濟天下」，造福天下百姓這樣的字眼似乎
不太符合他們的人生理想，而擁有一個幸福和睦的家庭才是他們
奮鬥的目標。有家人永遠在背後默默地支持著比任何事情都重要：
幾乎所有的地中海國家都有一個共性，那便是男孩子賴在家裡的
時間比較長。尤其是在義大利南方，其數量更是驚人，一半以上
的年輕人只有結婚後才會離開父母家。這種現象甚至在米蘭、羅
馬這樣快節奏的大都市裡也次第出現，子女和父母同住，並在經
濟和生活上依賴父母。這種過於戀家的行為導致很多人三十多歲
仍未「斷奶」，據統計，在二十五歲到三十五歲之間的年輕人中，
共有一百多萬人不學習也不參加工作，啃老族的隊伍日趨龐大，
這些失業青年的普遍想法便是：學習？浪費時間，而且不能保證
我的未來。找工作？現今的狀況即使去找也不會有的。沉浸在酒
吧的音樂裡，喝著誘人的馬丁尼，或是慵懶地蜷在沙發裡看著真

人秀電視節目《老大哥》，夢想著那唾手可得的成功，躺在幸福窩裡，誰會願意從這場美夢中醒來呢？

當然，也有許多原因造成了男孩子不願離開家，舒服地依靠父母的這種社會現象。一方面，不可否認的是在父母身邊衣食無憂，關心備至，各式美味的義大利麵，熨燙平整的襯衫都由母親一一擺在面前，而且不用擔心紛至沓來的水電費、網路費和暖氣費等那些驚人的帳單。如果自己單獨住，這筆昂貴的房租和所有的生活費用以其微薄的工資恐怕難以支付。父母尤其是母親對自己萬般呵護，寵愛有加，為什麼偏偏要出去一個人面對暴風雨呢？生活快樂至上，至於獨立，晚些再想也不為遲，「在家裡我做主，想做什麼就做什麼」，抱著這樣的思想，優哉游哉。抑或說，這種現象的產生一方面也是源自於義大利母親對孩子的溺愛與呵護，她們對子女的生活過於干涉，任何事情都要過問，意在讓子女過得快樂幸福。曾經，子女為了獲得更多私人的自由空間而離開家，過獨立的生活，然而今天，父母彷彿變得更加開放，更加寬容，也許他們早就搞不清楚兒子今天來的女朋友是否是昨天的那個了，也懶得刨根問底，乾脆採取不聞不問的態度。如此「自由」的風氣，加上優越舒適的環境，子女們自然不捨得離開。

另一方面，子女一直生長在溫室裡，害怕孤獨，被遺棄，更不願忍受對母親的思念。另外，父母長期以來的教育策略都偏向於讓孩子在一個健康的環境裡成長，因此，當子女們具備了到「野外叢林」裡生存的年齡時，他們卻擔心外面世界充滿危險遍布荊棘。另外，大學的體制也輔助性地造就了這些大男孩過於戀家的性格。義大利的高中為五年制，十八歲為平均高中畢業年齡。義大利的大學則是三年制，理論上來講，二十一歲便可走出大學校

門了，但是由於義大利大學的教育體制屬於寬進嚴出式，校園的氛圍較為寬鬆，在考試的時間和所修的科目上，選擇範圍非常廣泛，所以學生必須具有較強的自控和自理能力才能按時完成學業，這樣一來便造成很多學生二十四、二十五歲仍舊晃蕩在大學裡的局面。義大利大學基本上是非住校制，學生們通常都選擇在自己的城市裡就讀大學，除了可以節省一大筆住房費用，還可以繼續過著衣食無憂的日子，接著畢業，實習，然後工作，可是一不小心就滑過了三十歲的門檻，卻發現自己仍然睡在那張小時候的床上，改變的不過是年齡，不過是房間裡少了幾件兒時的玩具和球星海報罷了。據調查，很多畢業後的年輕人事實上也並非心甘情願地一直賴在家裡，其選擇實屬無奈。房租昂貴，工作不穩定，這些客觀性的因素絆住了年輕人的腳步。如今，應屆畢業生工作後的平均月薪不足一千歐元，而每月的房租卻要交掉四、五百歐元，如果生活在高消費的大城市裡，交完房租，再加上每月的各種帳單、汽車保險、加油費等，基本上沒什麼剩餘了。因此只能與父母同住，暫時性地減緩生存壓力。「長期之家」這一新詞彙恰當準確地表達出這種年輕人一直賴在家裡的現象。這座避風的港灣為年輕人提供了所需的心理和經濟上的支持。無可否認的是這種現象對社會也有一些正面作用。年輕人可以拿出自己的工資用來貼補家用，照顧自己逐漸年邁的父母，陪伴他們去醫院，或者僅是簡簡單單地陪伴在他們身邊，以解老人的孤獨。

另外，在這種長期之家裡，抑鬱症和自殺的案例較少，酗酒率也非常低，未婚先孕的比例也相對較小。同時，子女與父母長期住在一起，經過長期的磨合，交流與互動，緩和了兩代人之間的緊張關係，使彼此相處更加融洽。因此，長期之家對社會的穩

定起到了非常重要的作用。近年來，此社會現象受到了各大媒體的廣泛關注。2011年由保羅・格諾維瑟拍攝的一部名為《青春死黨》的電影講述的便是六個不願長大的成年人重溫學生時代的故事。其中一位主角在劇中說過這樣一句令人印象深刻的臺詞：「愛情是什麼？愛情就是一種懲罰，無非是要懲罰我們離開爸爸媽媽的家！」經典之極，可謂是說出了義大利戀家男人的真正心聲。

　　說到義大利人重視家庭，也許你無法想像其重視的程度，那麼不妨看看他們與父母或其他家人之間來往頻率，不管他們離父母有多遠，如果不能每天見面，那麼至少也要通通電話。另外，平日裡大家忙於工作，只有週末才能聚在一起，因此週末聚餐是每個家庭的固定節目。可見，即使有一天義大利人真正地離開父母的家，從某種意義上講，他們仍然是戀家的人。有父母在身邊，可以互相照顧，很多人退休後還當起了孫子孫女的貼身保姆，不但為自己無聊的晚年找到了一份樂趣，也減輕了子女的生活負擔，何樂而不為呢。有關研究院曾經針對義大利年輕人的發展趨勢做過一項調查，結果顯示大部分的學生都渴望畢業後能夠獨立生活，但是仍有很多人認為過早地離開家是一種天方夜譚，還是腳踏實地繼續生長在溫室裡為好。他們需要一個堅硬的貝殼：獨自面對生活，意味著要去迎接狂風暴雨的洗禮，他們，準確地說還有他們的父母們普遍地認為這是幾乎有些瘋狂的想法。這種觀點反射出義大利文化及教育方式同盎格魯─撒克遜國家的大相徑庭，因為在英美國家裡，進入大學往往是年輕人向獨立生活過渡的標誌。而在義大利，子女上學期間，父母並不支持他們獨立生活，在他們看來，獨自生活並不意味著成長或對自己的未來有益。另外，對於父母來說，即便是子女結婚以後仍住在一起或住在附近，也

不會給他們帶來任何負擔，相反，正如他們所願。總之，在義大利這種年輕人的現狀是義大利當今典型的社會問題之一，並引起了社會的廣泛關注，政府也對之憂心忡忡，而改善客觀條件，增加就業，為年輕人提供更多的工作和教育機會，引導他們走向光明的未來，幫助他們拿掉「心理奶嘴」，或許是義大利社會當前的首要任務。義大利男人一向在世界上有著浪漫情人的美名，其戀家的情結也是很多人所欣賞的，但浪漫也好，可愛也罷，作為成年人，能夠自力更生，不再依賴父母，努力打拼出自己的天地也許才是更重要的。

第六篇

義大利人的本性與美德

Italy

車裡的心理學

義大利是世界汽車生產大國，並在汽車的設計上處於世界領先地位，如法拉利、藍寶堅尼、瑪莎拉蒂等世界級奢華汽車品牌都源自義大利；同時，義大利也是一個汽車消費大國，據統計，義大利人均汽車擁有量為76%，而歐洲的平均水準為58%，人均汽車擁有量遠遠高於歐盟國家的平均水平，可見義大利人對汽車的鍾愛程度和不解的情緣。義大利人愛車有因，當然，除了可以給人們帶來便捷的生活方式，提高生活品質之外，汽車從某種意義上來講也是人的一張名片，可以間接地展示出一個人的財富、品味乃至社會地位。

由於人與汽車關係十分密切，因此也產生很多關於這方面的

迷人的法拉利跑車 (shutterstock)

社會學及心理學的研究與分析。一般來講，義大利人肢體語言極為豐富，在日常生活中總是喜歡「手舞足蹈式的演講」，而在駕駛座中，身處一個有限的空間內，是否會避免一些戲劇性的動作、循規蹈矩地操控著方向盤呢？未必如此，相反他們在駕駛中經常會表現地比平時還要誇張，而且更有趣的是這個僅有六千多萬人口的半島國家裡卻有著難以置信的差別，不同的歷史背景和文化造就了他們在整體上不同的基本性格，義大利南方人與北方人在方向盤前似乎在按照不同的劇本表演，並互相比較著，誇耀著，羨慕著，諷刺著，輕視著，但是缺少任何一方義大利的民族性格都是不完整的，他們就如同是一對在性格上互補的戀人，誰也無法拋棄對方，但卻經常無法做到互相包容甚至欣賞。尤其是在汽車駕駛方面，這一矛盾更加明顯。

　　就拿博爾扎諾來講，這座城市是一座非常典型的北方城市，而博爾扎諾人普遍來講都更為嚴肅保守，在駕駛中也會盡力保持這種冷靜的心態。他們相對而言比較守時，若是八點半上班的話，早晨很早就起床準備了。人們習慣給南歐人貼上不守時、喧鬧、浮華的標籤，其實這種一概而論未免有些籠統，事實上，義大利的北方人相對而言時間觀念很強，為人嚴肅，而且喜歡規劃生活。

　　早上出家門後也許心裡會一邊琢磨著這一天的日程，一邊開著車前往小酒吧。找來找去，最後在酒吧後面的一條小路上找到了一個車位。雖然有些遠，不過停車的規則還是要遵守的。走進酒吧後，通常他都會客氣地與酒吧的服務員打聲招呼，然後站在吧臺旁邊點一杯濃縮咖啡或是瑪奇朵之類的，瀏覽一下報紙上的主要新聞。然後看看錶，離去上班還有不少時間。不過保險起見，還是按照慣例提前出發，以免在路上受交通堵塞的影響上班遲到。

走進車內，繫上安全帶，一切就緒後，出發。雖然是上班的高峰期，路上比以往要擁堵些，不過一向井然有序，沒有人與行人搶道或明知交通規則而懶於遵守。尤其是市中心，紅綠燈較多，所以時不時地便要停下來等候，可是著急也無濟於事，不如聽聽廣播或看看報紙，耐心等待，也算是上班前的一種放鬆了。這裡的行人相對而言，要幸運得多，馬路上的人行道清晰可見，司機素質良好，主動讓行人先過，甚至在兩三公尺處便停了下來，以確保行人的安全。北方人的循規蹈矩明顯可見，但有時會令人感受到一種冷漠與隔閡，尤其是在大都市裡，經常會有這樣的情況發生，身邊發生了一場車禍，可是周圍的人們還是會漠不關心地繼續前行。

與北方人相較而言，南方的那不勒斯人則略顯「火爆」性格，他們為人處世較為直接，富有人情味，但是對硬性的規則卻有些不理不睬。如果將兩地人做一比較，其結果不言而喻。

義大利南方生活節奏較慢，整體的作息時間也與北方略微不同。南方的大部分商店或公司上午九、十點鐘開始營業後，中午通常會有幾個小時的午休時間，人們藉此回家吃午飯，或與同事們到酒吧坐坐。

如果那不勒斯人九點半上班的話，起床後的第一件事應該便是煮上一杯摩卡咖啡。沒有咖啡作伴，這一天將難以想像。之後，不慌不忙地走出家門，開著車先朝著酒吧的方向開去。如果酒吧前如往常一樣沒有車位，而去旁邊的街道上他嫌麻煩，不如哪裡有位置就停在哪兒，即便是停在人行道附近，反正就是一杯咖啡的時間，不會阻礙過久，況且有誰會在意多等那麼幾分鐘呢。抱著這種心理走進酒吧裡，與周圍的人聊著天，慢悠悠地品著自己

一天中的第二杯咖啡，然後再來一個那不勒斯特有的蘭姆酒甜點。吃完早餐後，翻翻當日的報紙，與酒吧服務員聊聊周邊的新鮮事，正聊到意猶未盡的時候，小酒吧外響起了一片喇叭聲，很可能就是他的車妨礙交通了。他不疾不徐地走出來，懶洋洋地說道：「大家稍等一會兒，我馬上就挪車」。這個所謂的「一會兒嘛」，大概是幾分鐘之後吧。如果哪天運氣不好，走出酒吧時不是聽見別人的抱怨聲，而是看見巡警正在寫罰單呢。情況不妙，他連忙跑上前去軟磨硬泡：「我也是剛停在這裡，不過是進裡面喝一杯咖啡的時間。」而巡警們也很客氣也很心軟：「那這次就不懲罰你了，不過下次停車可一定要注意啊！」因此，幸運的那不勒斯人輕鬆地逃過一劫，然後急急忙忙地上車，糟糕，此時已經遲到半個多小時了，他原有的那份氣定神閒頓時全無。

眾所周知，在那不勒斯市區內，闖紅燈的大有人在，亮紅燈時，他們首先稍微放慢速度四處瞧瞧，然後繼續開過去。如果哪個人停下來等綠燈通行，那麼後面的司機一定會不耐煩地按喇叭，用那誇張的手勢和表情催促你，這種情況在那不勒斯早已司空見慣。不過這種不耐煩與焦慮的駕駛心理幾乎是一種惡性循環，司機越焦急，路況越糟糕。車裡的人們被堵在半路，一動不動，像無法逃出鐵籠而不停掙扎的獅子，喇叭聲、吶喊聲響成一片，一旦開始前進，所有車道上的車一湧而上，使原本阻塞的道路更加擁擠。至於行人嘛，在此種情況就更要小心了，過馬路不但要看紅綠燈，還要看來往的車輛，誰的動作快誰就擁有優先權。所以久而久之，行人還是選擇明智地讓路。有時，行人耐不住一直在那裡等下去，就冒險一般走過去，來往的司機不免會不耐煩地按按喇叭，然後探出頭加上一句刻薄的評論。因此，那不勒斯人獨

創了一條不成文的交通規則：那便是行駛的車輛有最高優先權，另外，體積最大的卡車擁有最高優先權。遇到路上發生交通事故，大街上更是熱鬧，路過的司機不免好奇地停下來，拉開車窗一探究竟。一輛接著一輛，最後結成一條長龍「看熱鬧」，而後面的司機拼命地按喇叭，可是等到他路過那裡時，還是會同樣停下來，因此導致這種混亂不堪的場面持續下去。

除了義大利南北方互有的偏見與不同之外，人們對女性開車也持有一定的偏見。固有的觀點便是女駕駛粗心大意，讀不懂交通標誌，停車時掌握不好前後的車距，開車時不停地換電臺或者等候紅綠燈時使用後視鏡化妝等等。甚至還有很多關於女駕駛的民間諺語和名言，如「女人是禍水」、「女人駕駛，危險連連」。因此，很多男駕駛藉此總是覺得自己比女駕駛技高一籌，從歷史上說，汽車產業的確是一個男性的世界，這是不爭的事實，但是隨著女駕駛數量的逐漸增加，女駕駛開車出事故的機率遠遠低於男性，也許她們正是希望通過實力徹底粉碎男司機的偏見吧。

由於南北方人性格上的不同，導致人們在駕駛中有著不同的

飛雅特 500
(shutterstock)

表現。但無論是理智也好，瘋狂也罷，義大利人對汽車的這種熱愛確實不曾改變。從戰後至今的六十多年來，義大利人一直有著汽車情結。也許你會不由地想到舒馬克激情駕駛的法拉利，堪稱完美的頂級跑車藍寶堅尼，或是尊貴精緻的瑪莎拉蒂。這些的確是義大利人的驕傲，但是真正深入人心的卻是那精小的飛雅特。飛雅特 500 是義大利最初的一款車型，是 1950 年代的象徵，同時也是螢幕上的主角。這款車在義大利取得了空前的成功，擁有一輛飛雅特 500 是那個時代所有義大利人的夢想，甚至在很多打油詩中也傳達了對之的歌頌與嚮往。

一種難以理解的愛（飛雅特 500）

她的誕生改變了

很多義大利人的生活

試想一下：行走之間

她是你的屋頂

在寒冷的冬天

她為你帶來溫暖

在炎熱的夏天

她為你帶來歡樂

她帶你去海邊去山上

卻毫無所求

即便是那浪漫的夜裡

他看見你在車中做愛

也毫不作聲

無論美醜

她對你都不做評論

見你大笑她默不作語

見你爭吵她也默不作語

是否沉默就代表著默許……

當她價格低廉時

你只是覺得毫無奇怪之處

即使今天你仍擁有

也許她早被遺棄在

你的地下室

或者倉庫中

重見她時已是布滿灰塵

當你接近她時再次感受到那種強烈的情緒

那是因為她沒有把你忘記

如果你不曾擁有過她

那麼快快行動吧

她不應該被遺棄

而擁有她你將會感到一種神聖與自由

感謝飛雅特 500

——摘自巴斯泰利 Bastelli

（飛雅特愛好者）

　　1950 年代初期，擁有私家轎車仍是大部分人的一個夢想，汽車是社會地位的一種象徵，之後隨著經濟的發展，生活品質不斷提升，截至 1970 年代中期，汽車擁有量不斷攀升，汽車成為每個家庭的必備工具。人們所追求的品味也越來越高，對外觀和性能

提出了新的要求：速度、舒適和美觀缺一不可。對於男性來說，汽車不再是一種奢侈品或只是交通工具，而似乎超越了它本身的概念，昇華成一種高級的「誘惑工具」。

汽車象徵著權力、力量與征服，故而名車與成功人士不知何時成為同義詞。「以車取人」一時間成為社會的主流價值觀，如果你開著一輛紅色法拉利，無疑會贏得眾人的羨慕目光，他們根據車的外觀和構造判斷著你的年齡和身分，也許你是他們想像中桀驁不馴的美少男，或者是精明睿智的商業人士，又或是身價上億的大亨。聯想起《天下無賊》裡，劉德華飾演的賊王開著騙來的BMW 教訓小警察「開好車就一定是好人嗎？」此情此景讓人不得不反思。內心的修養正如精神分析學之父佛洛依德所說：汽車是人身體的一種延伸，象徵著男性的生殖器官，汽車越精緻，說明人類越強勁有力。

義大利人對汽車不惜血本，除了用於解決基本的問題之外，絕大程度上是為了滿足人們對高品質生活的追求，另外似乎還有些許愛現的嫌疑。同時汽車彷彿是一座流動的房子，一個溫暖的小家，在擁擠的車流中，遮風擋雨，總是給人帶來一種安全感。汽車之於義大利人來說像電視機一樣必不可少，人們駕著車穿梭在城市的喧囂中，或是寧靜的鄉村路上，享受下班後的自由，體驗速度的快感，發洩內心的不快，欣賞著周圍的美景，總之，車裡承載著義大利人的酸甜苦辣，家庭、友情、事業以及那些遙不可及的夢想。

義大利人的問候方式

世界上各民族都有自己的生活和交往方式，但是人們見面或相遇時互致問候的習慣卻是共有的禮儀，或許只是問候的用語和方式不同罷了。那麼深處地中海的義大利人是如何問候的呢？關於義大利人的問候方式可以上溯到幾百年前，當然隨著時代的變遷，這些禮節和規則也發生了很多變化。

在電影《美麗人生》(La vita é bella) 中那句「早上好，美麗的公主」想必看過的觀眾都不陌生，那麼，今天的義大利人在實際生活中如何問候和打招呼呢？在語言性問候中，最常用、最親切的問候語那便是 "Ciao"，它可謂是多功能，朋友見面時道一聲 "Ciao"，告別時仍舊是一聲 "Ciao"，有「你好」和「再見」的雙重含義。因此要區別其含義，除了通過場景，還要根據說話人的語氣。Ciao 是一種非正式的問候語，通常用於朋友、同事和家人之間。今日這句問候語的應用範圍越來越廣，並跟隨義大利移民的腳步走出邊界，成為很多國家的外來語，如法國、德國、西班牙、拉丁美洲國家等將之用作非常流行的告別語。這句問候語發音簡單，沒有您好或早上好 "Buongiorno" 這樣複雜，而且沒有義大利語中特有的大舌音，因此也是大部分外國人到義大利旅遊時學會的第一句義大利語。

無論是商店裡，還是在披薩店、酒吧這樣的場合都經常會聽見周圍的人親切地使用這句問候語，即便是不熟悉的顧客與店員

之間也是如此。事實上，在這樣的公共場合裡，按照義大利語的語法規則，陌生人之間應該使用尊稱「您」，因此店員與顧客之間直接使用這種非正式的問候語，無形中拉近了彼此的距離，增添了親切感。另外，值得注意的一個細節，那便是使用 "Ciao" 的次數，如果道別的時候有些人說兩遍 "Ciao"，這說明了他們非常熱情，並且對這次碰面感到非常愉快。另外，這句簡單的問候語給義大利著名的比雅久摩托車製造企業（即風靡全球的偉士牌踏板車的製造商）帶來了設計靈感，並以這句問候語作為一個摩托車系列的名稱，在 1970 年代至 1980 年代受到年輕人的青睞。同時這個系列也是從 1967 年至 2006 年義大利最暢銷的摩托車款式。可見 "Ciao" 深入人心。

　　"Ciao" 這句隨意而簡單的問候語被很多人認為是年輕人的專利，其實不然，它的起源可以上溯到幾百年前。準確地來講，這句問候語源自義大利北方的威尼斯。在十八世紀的威尼斯方言中，"Ciao" 表示奴隸的意思，王公貴族的僕人在侍候主人時通常使用這句話回答主人，基本的含義為「您的奴隸」或「遵照您的吩咐」。有趣的是這句話曾經用於區分社會等級和地位，而在時間的流逝中卻轉變成今日的非尊稱問候語，用於表示兩人之間的親密關係，與其本義大相徑庭。

　　在世人的眼中，義大利人是親吻、擁抱和握手的民族，事實上義大利人習慣於以擁抱和親吻親人及朋友的面頰來表達他們的感情和讚賞。但這裡也有一定的規則，通常他們不會擁抱比自己社會地位或輩份更高的人，除非是他們主動走來擁抱；從來不會親吻初次見面的人，只有大家成為朋友之後才會使用這種禮節。

　　其中還有一種十分常用的問候方式則為接吻禮，關於接吻的

朋友之間的接吻禮

來歷，傳說源自古羅馬時代，男子外出歸來後湊到妻子的嘴邊聞
一聞檢查是否有酒精的味道。長期以來，這種舉動便成了夫妻之
間見面後的問候方式。如今，在義大利接吻禮不再限用於夫妻或
愛人之間，還用於同親人或朋友見面的場合中，彼此親吻雙頰。
有時候我們還會發現有些人只親一面臉頰，這種問候的方式多用
於成年人與父母家人之間或者經常見面的同輩之間。不過這種問
候的方式在義大利的南北方還是有一定的差別的。正如我們所知，
義大利北方與中歐國家相連，受地理環境和歷史文化的影響，相
對來講要嚴肅冷漠一些，通常只有男性朋友和女性朋友或者兩個
女性朋友見面時才會使用接吻禮，而兩個男性朋友見面時最多也
僅是象徵性的握握手或者拍拍肩膀而已。而在南方，情況則略有
不同，他們要比北方人更熱情、更開朗，在問候的方式上也不拘
小節，不論性別之分，親吻面頰都是必行的禮數。即使你見到兩
個剛剛結識的男人互相介紹後親吻面頰那也不足為奇，那正是義

大利南方人為人處世和表達情感的一種方式。這種接吻禮在義大利被廣泛運用到通訊媒介中，如網上聊天和簡訊上總會見到人們以 "Un bacio"（親吻）結束對話。

毫無疑問，在不同的情境裡接吻也有著不同的內涵。親吻不僅意味著愛情，也可以表達長輩對晚輩的愛，朋友之間的情誼，甚至是對他人的尊重。在政治場合中的接吻禮通常象徵著一種親密的伙伴關係，而在黑手黨內則意味著雙方的和解。在天主教中，教徒們互行親吻禮以表和平相處，人人平等。親手禮則是接吻禮的一種引申，也是很常用的方式，比如一些國家元首會見梵蒂岡教皇時親吻他的戒指以表尊敬。親吻禮在義大利有著深遠的歷史，英國作家托馬斯·寇芮特 (Thomas Coryat) 於 1608 年前往威尼斯遊覽時，碰見兩位男子相遇後以親吻面頰的方式互相問候，他立即被這種「非同尋常的禮節」所震撼。事實上，這種男性之間的親吻禮在很多人看來也許說明了一種超出朋友的關係，但義大利人向來不怕逆流而行，甚至喜歡將之戲劇化、誇張化。家喻戶曉的義大利喜劇演員羅貝托·貝尼尼於 1998 年在坎城影展上獲得了評審團大獎，上臺領獎時他激動地親吻了每一位頒獎嘉賓，以及評審團的評委們，最後，甚至趴在地上親吻其中的一位男嘉賓，想必這樣誇張的親吻方式也只有義大利人才能將其發揮得如此淋漓盡致。

幾十年前，問候始終被看做是一種儀式，藉以表達對他人的敬意、尊重、友好或者信任。而今，人與人之間的關係似乎被簡化或者說是形式化了，與之同時也失去了那份原有的講究與微妙，人與人之間問候的頻率增加了，可是卻欠缺幾分情感的火候。這種不假思索的客套性問候語有時不免忽略了性別、年齡和長幼之

分。不過,值得慶幸的是社交禮儀中最重要的規則依然對人們有著一定的約束力,那便是問候時要持有一份真誠而熱切的眼神。

義大利人是一個熱衷問候的民族,無論何時何地,路上、餐廳、電影院還是在電梯裡都會熱情地打聲招呼,也許他們並非熟人,也許他們只是有過一面之緣。正如義大利的一句俗語:多一份問候總有好處。當然有時由於客觀條件的限制,只能選擇其他的問候方式。比如在大街上遇見熟人時,如果雙方相距較遠,便會揮手致意,而不是大聲呼喊其名字。若是很近則通常會停下來說一聲 "Buongiorno"(早上好或您早) 或者 "Buonasera"(晚上好),這種方式往往被看做是一種比較正式的問候,兩者在交談中會使用尊稱,在這種情況下,他們也喜歡在問候時加上稱呼如醫生、教授、工程師、先生等,以表尊敬。在義大利 "Buongiorno" 即所謂的早上好並非只用於早上,有時甚至下午五點你仍舊會聽到有人這樣問候你。而 "Buonasera" 則適用於五點以後。由於義大利各個大區都有不同的習俗和對時間的概念,因此在打招呼的

老友相見

用詞上也有一定的區別。在托斯卡尼大區，很多人下午兩點便開始用 "Buonasera" 和別人打招呼了。而在義大利南方和兩座島嶼上（即西西里島和薩丁尼亞島），午飯之後便可以使用 "Buonasera" 了。筆者在薩丁尼亞島居住時，曾經下午兩點左右去商店，售貨員打招呼時說晚上好，最初由於不了解當地的風俗習慣，讓人不禁感到莫名其妙，中午剛過便是晚上了，想像著外面豔陽高照，卻要說晚上好，實為有趣。

當然，問候也有很多附加的功能，譬如在和陌生人搭訕時就是一個最好的藉口。眾人都說義大利男人是最浪漫的情人，想必一方面也是借助這些甜蜜的問候吧。提到搭訕，電梯應該說是一個絕佳之地，每棟樓中的電梯裡都會上演著無數場的邂逅。在這個小小的空間裡，與其低著頭盯著自己的鞋尖，把玩著手裡的一把鑰匙以逃避這種尷尬的場面，按照義大利人開朗的性格是絕對不喜歡的，他們在電梯裡並非像亞洲人那樣前後排成隊，而是面對面地站著，直接的眼神接觸自然避免不了，因此他們索性抬起頭，以微笑相迎，互相聊上幾句，比如那句最經典的 "Buongiorno" 或者「今天天氣不錯，是吧？」

在眾多社交禮儀中，可以說握手是非常正式的一種，以此表達友好和信任。當然，義大利人握手的禮儀和講究也有很多：握手力度很大，說明此人很自信，並且是中心人物，通過握手，傳達一種真誠、精力充沛的訊息；握手時姿勢僵硬，則表現其冷漠和疏遠的態度；還有的義大利人雙手迎握以表達其喜悅的心情或感激的情懷。

"Arrivederci!"（再見的正式用語）"Ciao, Ciao..." 在道別上，義大利人也有其獨到之處。有一次筆者被邀請到同事家裡吃晚飯。

大家在一起談天說地，品嘗當地的特色美食，共同度過了一個非常愉快的夜晚。聚會結束後，筆者準備起身告別時，「別告訴我你現在就想告別啊？」女主人驚奇地問道。「對呀，已經很晚了，不好意思過於打擾」。的確夜已闌珊，最後所有人都起身開始互相道別，神奇的事情是大家說著說著又開始討論起來，因此二十分鐘之後筆者和其他被邀請的同事們穿著大衣仍舊在和主人繼續道別。說起來很怪誕，也很有趣，不過這對於義大利人來說倒是家常便飯。當然，後來得知，這種漫長的告別方式表明客人們對主人的熱情款待和可口的晚餐表示感謝和讚賞，相反，如果迅速離席的話則會讓主人覺得招待不周，或者食物令人不滿。因此告別越漫長，就越能表達出主人的挽留之意和客人的感激之情。

義大利人不愧是天生的表演藝術家，即便臨場發揮也會配合地天衣無縫。如何問候在他們看來不僅是生活中必行的禮節，而是一種藝術，一種將語言和肢體完美結合的表達方式。而且不得不承認，義大利人永遠有聊不完的話題和用不完的時間，兩個人站在路邊海闊天空地聊著天，等你處理完所有的事情，返回原路時，他們像路標一樣仍在原地津津有味地聊著。

漫長的等待

如果說義大利是一個「熱衷」排隊的國家並非言過其實，排隊就如同足球一樣被看做是義大利的又一項國家運動，毫不誇張地說，其參與人數遠遠地超過了足球運動的愛好者。在銀行排隊，在郵局排隊，在醫院排隊，在小鎮辦公室裡排隊，在藥房排隊，在超市排隊，在小小的披薩店裡也需要排隊，總之，走到哪裡都有長長的隊伍在等著你。如果算起來，義大利人的一部分時間是專門用來排隊的。

在快節奏的生活下，排隊絕對是一件令人惱火的事，時間寶貴，人們恨不得將所有的事情都能像使用觸控手機那樣輕鬆快捷，一指搞定。而義大利人卻是出了名的慢半拍，他們懶於組織，不屬於倉促的生活，既然抱怨也無濟於事，那麼索性聽天由命排著隊，說不定如果你耐著性子，也許排隊也會變得很有趣。和周圍的人隨意聊上幾句，發發簡訊，或者只是低著頭專心地看看報紙，既然一定要排隊，那就應該盡力給自己找點樂子。有時排隊等得過久，一句簡單的問候式搭訕之後，一來二去大家自然而然便成了熟人，甚至結成朋友。沒有人做過此類的統計，但是在排隊中相互結識並成為朋友乃至戀人的數目一定非常可觀。

我們生活在一個快節奏的時代，漫長的等待令我們心焦如焚，坐立不安也是很正常的，有時等上幾十分鐘甚至幾小時，使我們不得不拖延其他的事情。在外國人的眼中，義大利人被認為是一

大排長龍的公車站

個愛遲到的民族，不能說這是一種錯誤的偏見或者不公平的誤解，因為在生活中的確發生很多意料之外的事情，很多時候需要多等上幾個小時也只能無可奈何，因此隨著遲到次數的增多，人們也就見怪不怪了，畢竟每個人都有過這般排隊的經歷。

在義大利，我們會發現這樣一種狀況，有時單行排隊，而有時則是雙行甚至多行排隊。通常，人們只有在機場辦理登記手續或郵局才會排成單行。不難理解，在機場裡更有組織性，另外，人們也疲於擁擠地排著隊。一心期盼著假期的來臨，夢想著假期的休閒時光，平日裡的焦躁和煩惱似乎被鎖在家裡的抽屜裡，安靜而整齊地站在別人的後面，即便需要排著冗長的隊伍也毫不在乎。人們互相親吻道別，孩子們在機場大廳裡四處奔跑玩耍，年輕的戀人手牽著手，完全沉浸在浪漫的愛河之中。這便是機場製造的奇蹟。

機場內的排隊人潮 (shutterstock)

　　當然也有例外的時候，筆者曾經在威尼斯機場辦理登機時就曾見證過一個典型的義大利場景。在義大利航空公司的兩個櫃檯前，旅客們排成了四隊準備登機。過了不久，擠進來另外一位女士，由此原本的隊伍瞬時間變成了五排，最終，這五排要合併成一排前進，到窗口辦理手續。而那位插隊的女士與身後的幾名乘客徑直奔向窗口，見到此情此景，一直在排隊的一位年輕人抱怨他們應該排隊。女士深知自己理虧，便只好站到了隊伍的後面。沒過幾分鐘，一位中年男子不管長長的隊伍，直接走向了窗口。之前的那位年輕人說道：「很抱歉，隊伍在這裡，請您也排到隊伍中來。」「您說什麼呢？我們又不是在超市裡。」然後滿不在意地遞上了自己的證件。

　　如果你想研究義大利的社會學，除了可以攻讀幾十本的理論書籍，還有一條捷徑，那便是走進人們日常的生活場景中，比如去郵局裡，像所有人一樣排著隊，聽聽周圍人們之間的交談，想

必，你一定會有一個大致而生動的了解。

通常，郵局上午八點半開始營業，尤其是在小鎮的郵局裡，不到八點就前去排隊的大部分都是老年人。當然，並非是我們所想像中的一字隊列，而是所有人聚在一起，聊著天，偶爾聽見剛來的人問道「誰是最後一位？」，然後站在他的旁邊，所以在無形中便形成了順序。郵局正式開門時，大家依次走進去到排隊機前領號碼。郵局裡總是很熱鬧，尤其是趕上退休老人前往領取退休金的日子，更是被圍得水洩不通，在這種情況下，如果你沒什麼緊急的事，最好的辦法就是坐下來，安心地等。義大利人非常外向開朗，十分健談，即使同周圍的人互不相識也會在短時間內結為朋友，一起聊得熱火朝天。無意間聽聽他們的聊天內容，也是一件很有趣的事情。他們聊著東家長西家短，諷刺著當局的官員，訴說著工作上的不快，感歎物價的不斷上漲，分享著附近奶酪商店打折的消息；一對年輕的戀人和父母一起到郵局辦理房貸；一位老太太和身邊的一個鄰居感歎小鎮上的大片田野在剎那間都變成了住宅大樓；退休老人抱怨著政府又縮減了他們的退休金；有人實在趕時間，就把自己的號碼給了身邊的人；而一位中年人在電話裡不知和誰在傾訴著自己的不幸遭遇，她在偶然間發現丈夫和一位波蘭女郎走在了一起……，一幅富有生氣的生活畫卷便展現於眼前。不知何時，郵局裡彷彿變成了厄多納多·德·菲利普（Eduardo De Filippo，義大利知名男演員及作家）所飾演的生活題材的電影拍攝現場，在平凡的細節中反映生活最真實、最發人深省的一面。

除了郵局，超市也是一個不容小覷並值得觀察和學習社會現象的地點，並且有很多大學將此列為研究的範疇。超市裡的隊伍

高速公路上的擁擠車陣
(shutterstock)

經常是自發性的，他們主動地站到櫃檯附近，隊伍呈大樹狀分布，如同各個枝條從櫃檯的根部開始向四周蔓延、擴散。這些枝條也就是那些所謂喜歡插隊的人，他們趁著旁邊的人不注意，便立刻插進來，倒是避免了在那裡排著長隊，給自己節省了不少的時間。有時候，還會發生這樣的情況，尤其是夫妻二人去超市，排隊結帳時，他們會分別站在不同的隊伍裡，然後「觀戰」哪一隊前進速度比較快。而場面更有趣的便是增加了一個收銀臺，此時很多人一擁而上，爭取有利位置。不過，超市排隊也的確是一件很令人頭疼的事情，尤其是遇到動作較慢的收銀員，看著前面的人們購買了一購物車的物品，等待何時休？

另外，一個非常值得關注的排隊現象便是在高速公路上。尤其是一年一度的8月聖母節期間，大部分的義大利人都會離開城市，到郊外或海邊度假。無疑地，各大交通路線的車流比平時明顯增多，尤其是高速公路上更是格外擁堵。假期將近時，廣播、電視新聞、報刊上會特別提醒人們盡量避開車流高峰，選擇理智地出行，甚至會提供假期前後高速公路上的預計擁堵程度。但是，如果每個人都理智地出行，錯過高峰期，那麼最終路上還是會出

現嚴重的堵塞。每年，尤其是從那不勒斯到義大利最南部的卡拉布里亞大區一段，幾公里的車龍綿延不斷，形成了較長的隊伍。頂著盛夏的烈日，在路上像蝸牛一樣蠕動，儘管義大利早已開始實行高速公路電子不停車收費的系統，可是服務區、收費站前仍是人滿為患。每年的 8 月，苦於漫長的等待，很多司機不遵守交通規則插隊的現象比比皆是，使得交通事故的發生率明顯增高。或許，只有在出發的路上，交通堵塞才會牽動義大利人緊張的神經，他們坐在駕駛座上，硬著頭皮排著隊，或者手舞足蹈地比劃著，催促著，若有機會便趁機向前挪動幾下。

生活是不公平的，勝利者往往是那些強勢的、霸道的、幸運的或者狡猾的人。如果說排隊是人們生活中在所難免的，那麼插隊的現象無疑有些令人氣憤，排隊的人等了幾個小時還沒有輪到自己，插隊的人反倒是後來者居上，用耽誤別人的時間換取自己的時間，這樣的舉動似乎稱作無恥也不為過。不過在生活中，很多時候並非像在銀行或郵局裡，即便被插隊也遲早會輪到你的編號，而是即便你耐心地等待，最終往往也未必會輪到你，如果前者犧牲的僅是時間，那麼在生活的隊伍裡被插隊，犧牲的可能便是其他很多更重要的東西了，比如工作機會、事業發展的機遇等等。事實上，利用權力名正言順或是暗地裡插隊的現象不只是那些缺乏民主的國家的專利，在義大利這樣如此發達的西方國家裡也是比比皆是。各大政府機構、國家企業或私人公司招聘員工時通常會公告職位考試，意料之外的是很多符合該職位要求的人遞出申請後卻猶如石沉大海，當然競爭對手之多，強中自有強中手，而職位有限，即便是擁有同等的履歷，在職場中有時還需要一點點的運氣，問題是如果參加競賽或面試，但卻屢次挫敗，憑學歷、

資質和工作經驗也許自己並不比贏得考試的人差，可是為何始終與好機會擦肩而過呢？又如何解釋這種社會現象？

不難發現，很多重要的職位都需要靠推薦和人脈，那些無關係者在無形中就變成了長時間排隊卻不斷被插隊的人，至於，什麼時候會輪到你，這要看你的運氣如何了。很多才華橫溢的畢業生最終卻落得了「啃老族」的稱號，他們何嘗不想自食其力，找到一份合適的工作，但現實就是這樣，經濟危機也好，畢業生自身能力較差也罷，站在一個沒有盡頭的長隊裡，僅僅是個人的努力是不夠的，還需要整個社會的推動力與高效率，才能使隊伍迅速前移。

義大利人鍾愛的體育項目——
足球

從地圖上看去，義大利的版圖就像是一隻腳在踢著足球，似乎義大利與足球注定是緣分匪淺。義大利人熱衷政治、電影、歌劇、文學，甚至電視機，但是對於足球的喜愛卻可以說是癡迷。足球是一項神奇的運動，一個小小的足球在「英雄和勇士」的腳下被傳來傳去，書寫了一篇又一篇的輝煌傳奇。足球是義大利最重要、最受歡迎的一項體育運動，滲透到義大利社會的各個角落，事實上，它早已超越其運動的本質，成為一種體育文化。與其他運動不同的是，足球彷彿是義大利人餐桌上必不可少的麵包。一年十二個月，月月精彩賽事不斷，從長達九個月的義大利甲級聯賽到義甲各大俱樂部的夏季轉會，從義大利超級盃、義大利盃到各國友誼賽等等，呈現出一場場精彩紛呈的比賽。當然值得一提的還有義大利國家隊和歐洲冠軍盃的比賽，如此重要的賽事總是會掀起球迷的觀賽熱潮，即便不是忠實的足球迷，也會臨時性地加入球迷的隊伍，共同體驗足球給人們帶來的歡樂和激情。不過最有影響力的無疑是世界盃了，整個夏天，義大利人因為世界盃而凝聚在一起，無論是南方人還是北方人，無論是信仰何種宗教，支持何種政治派別，所有的對立與隔閡都在此刻歸零，一同沉浸在這片足球的海洋裡。大街小巷家家戶戶豎起了

AC 米蘭是 2011 年義甲聯賽的冠軍 (shutterstock)

義大利的三色旗，也許這也是僅有的少數盛事可以讓所有義大利人感受到民族的凝聚力，感受到史無前例的團結一致吧！迄今為止，義大利分別於 1934 年、1938 年、1982 年和 2006 年獲得了世界盃冠軍，可謂是戰績輝煌，的確令義大利人為之感到自豪。

義大利歷史悠久，城邦國眾多，長期分裂，其統一的歷史只有一百五十多年，因此這也是義大利民族觀念淡薄的主要歷史原因。但不難發現，世界盃或歐洲冠軍盃這類國際賽事卻能充分地激起義大利人的愛國情緒，他們把手貼在胸前，所有人在一時間成為朋友、兄弟，他們激情澎湃地唱著國歌〈馬梅利之歌〉，彷彿隨時「準備把頭顱拋」，因為「祖國在號召」，其場面的確令人感動，為之震撼。巨大的三色旗在觀眾席上湧動，人們匯集在廣場上、酒吧裡、球場外，為藍色軍團的每一個進球激動歡呼，揮舞旗幟，吹哨鳴笛，共同慶祝比賽的勝利。義大利最近一次取得世界盃冠軍是於 2006 年德國世界盃上，對於所有義大利人來說那是

2006 年世界盃足球賽的義大利球迷 (shutterstock)

一個非同尋常的夏天。那不僅是一場場簡單的足球比賽，而是義大利人贏得尊嚴與社會認可的方式，對於他們來說，更多的是一種精神的勝利。說起來，還要追溯到 1990 年的世界盃，聯邦德國的鐵軍在亞平寧半島上奪走了世界盃冠軍，而作為主辦國的義大利卻有些失意。關於那一屆世界盃，可以說義大利人的集體回憶便是痛苦與惋惜。而 2006 年世界盃足球比賽在德國舉辦，雖然最後的一場決戰是義大利隊 vs 法國隊，但其中最為精彩、最受關注的比賽卻是德國主場對陣義大利。經過艱苦的決戰，義大利人在德國人的家門口將其打敗，戰績振奮人心，可謂是一揚眉吐氣之戰，尤其是前往觀賽的義大利移民們更是感到欣喜。1960 年代很多深陷貧困的義大利人移民到德國尋找工作機會，由於生活習慣和語言溝通的困難，在一定程度上被德國邊緣化，甚至遭到當地

人的歧視。而這場勝利彷彿是獻給移民德國的義大利人的一份大禮，讓他們感受到祖國的強大。帶領藍色軍團走向勝利領獎臺的球員們成為全民心目中的勇士、正義的捍衛者，他們以拼搏的精神重新拾回了義大利民族的尊嚴。每一座廣場上都擠滿了前來觀賽的市民，就在進球的那一刻，抑或失聲痛哭，抑或大聲呼喊都無法表達心中那種特殊的喜悅與不可名狀的情感，所有人沉浸在那個不眠之夜，沉浸在一片喜悅的海洋中，感受著站在世界中心的美妙。而與世界盃冠軍擦肩而過，一向感覺高義大利人一等的法國人卻不可思議般地沉默了。

作為國球，足球運動似乎是一張石蕊試紙，能夠檢驗出每個國民的義大利氣質和愛國情懷。這種義大利氣質體現為義大利人的民族和文化認同：運用到實踐中便是支持自己的國家，為足球熱情地歡呼。義大利在其一個多世紀的統一歷史進程中，或許只有足球才具有如此巨大的力量以凝聚每一顆義大利人的心。綠茵場上，一個小小的足球傾注著人們對運動的激情，一舉一動都牽

2009 年義大利超級盃賽事 (Dreamstime)

動著人們的喜怒哀樂。當藍色軍團走進綠茵場，唱響國歌時，那一刻每一個義大利人都深深地感受到一種國家的使命感和民族的凝聚力。

一百多年前，足球從英國被傳入義大利，面對這個新鮮玩意兒，義大利人顯示出了極大的熱情和關注。而正是從十九世紀開始，義大利人開始了神話般的足球之旅。足球的興起是一種社會現象的反映，對經濟產業起著重要的作用，牽動著多數人的心。另外，受之影響的還有語言和交流習慣：足球運動中涉及到很多術語，但無論是專業人士、普通球迷抑或對足球漠不關心的人都會在無意之中使用到很多足球詞彙。比如義大利語中「獲得角球」被引申為在困境中獲救，「打控制球」被運用到生活語境中則表示做事時泡蘑菇，故意拖延時間。

足球，的確與義大利人的生活息息相關。無論是報紙上、廣播中、電視裡還是網路上，與足球相關的訊息隨處可見，全國球迷超過人口半數，足球是辦公室和酒吧裡最熱門的話題之一。星期一早晨，無論是西裝革履的銀行職員，還是開貨車的司機，抑或是前往學校途中的高中生，都會先去小酒吧裡坐坐，點上一杯卡布奇諾和一只牛角麵包，與周圍的人激情澎湃地討論著星期天的球賽，若是遇到另一個球隊的球迷時，不免會產生一些意見上的分歧，爭論得面紅耳赤，而某一個星期天他們則又聚在同一個酒吧裡為足球而吶喊，誰又記得那些激烈的爭執呢？這就是義大利人，他們為足球而瘋狂，在足球的世界裡，沒有社會等級抑或性別之分，足球是一個公眾話題，從家庭主婦到公司職員，從退休老人到學前兒童，每個球迷都能如數家珍般地介紹球員，評論球賽的判決，討論精彩的賽事。

　　足球在義大利是一種大眾文化，精彩的義甲結束後，還有友誼賽、超級賽，總之，精彩永遠都在上演。也許有些人並不關注球賽，可是目光卻一直鎖定著球員們。他們在度假海灘上的身影成為眾多媒體所追逐的對象，電視裡隨處可聽見關於足球明星的報導，足以滿足人們各式的娛樂口味。體育報刊頭條上，永遠有足球的一席之地。不可思議的是義大利人與足球彷彿是一對相愛至深、如膠似漆的戀人，試想一下，義甲聯賽、歐洲聯賽以及其他各種賽事不斷，每天都有各種直播、報導和評論，因此足球是人們一年三百六十五天永遠都說不完的話題，即便如此，非但厭倦，反而感情更加深厚。正如一名叫聖托尼的義大利記者曾說道：「義大利是一個建立在勞動和足球基礎上的民主共和國」，這句話引用並修改了《義大利憲法》中的第 1 條「義大利是一個建立在勞動基礎上的民主共和國」，當然，這並非是對憲法的玩弄或不屑，而是以幽默的方式十分貼切地反映了義大利的國情。

　　每家電視臺都有固定的體育節目，其中國家電視臺二臺 RAI 2 週末球評節目《週日體育》是最受球迷歡迎的節目之一。而在沒有電視機的年代，球迷們如何獲得足球消息呢？報刊雜誌自然是最佳的方式。1930 年代推出的體育雜誌《足球畫報》可以稱為球迷手裡的聖經。該畫報以週刊的形式刊登出許多足球訊息和圖片，其王者地位一直持續到戰後，隨之被電視媒體取代。而另外一家世界著名的球星卡製卡公司 Panini，五十多年來製造的足球球星卡卻始終是孩子們忠誠的夥伴。這些球星卡承載著每一個孩子的足球夢想。如果哪個孩子收集了所有的球星卡，便會惹來同學的羨慕。三、四十年前，那是孩子們最大的興趣愛好：尋找新的卡片，與其他夥伴們互相交換卡片。那些是 1960 年代和 1970

年代的孩子們所擁有的足球激情。那些孩子在逐漸長大,而他們的孩子也許不再收集卡片了,他們穿著球衣去上學,留著個性的髮型,打著遊戲機,換著電視機裡不勝枚舉的頻道。雖然條件發生了變化,選擇也更加多樣化,可是對於足球的熱愛卻是絲毫不減。

義大利人對足球的激情是世界上任何國家不可比擬的,全民性參與便是最好的證明。他們從小便開始接受足球教育,主要目的是讓他們從運動中獲得樂趣,掌握一些基礎的運動技巧。同時義大利有著良好的足球教育環境,即使是小鎮上也開設足球學校。每個週六下午和週日上午,家長都會帶著孩子到球場上訓練,或許每個球星或者球迷都是從那一刻開始了與足球的不解之緣吧。家長們希望孩子在團隊中得到鍛煉,並培養孩子的合作精神。孩子們正是通過足球這項運動努力提高自身素質,不斷經受各種考驗,結識新的朋友,學會犧牲和謙遜待人,敢於承擔責任,在表現自己的同時為整個團隊著想。正是這種完善的足球教育體制,為義大利輸出了許多技術精湛、團隊精神良好的球員,使義大利成為優秀足球運動員成長的搖籃。

足球,寄託著義大利人的夢想,傳達了一個民族的拼搏精神,足球令人為之瘋狂,為之歡呼,為之流淚,為之痴迷。昨天或許輝煌,或許令人神傷,但樂觀向上、無堅不摧的民族性格使義大利人永遠不會停止對足球的熱愛,他們享受足球為之帶來的快樂與痛苦,繼續前進著。

義大利媒體

在任何一個國家，媒體都是社會運轉過程中一個不可缺少的部分。1954 年 1 月 3 日是一個不平凡的日子，在這天誕生了義大利廣播電視公司 RAI，而正是從那一天，人們開始以圖像的形式記錄下義大利社會的每一次變遷。

義大利廣播電視公司 RAI 是一家國營性質的企業，是 1950 年代唯一一個播放電視節目的公司。成立初期只有一個電視頻道，即公共一臺 RAI 1，播放的節目時間短而且種類較為單一：從下午五點三十分到七點播放《兒童電視》節目，晚上八點三刻至十一點播放新聞及通知。1950 年代，電視仍是一個稀奇古怪的東西，像方方正正的盒子似的，為人們打開了知識的窗口。

1950 年代，義大利電視仍舊採用傳統的無線電波的模式，其最主要的任務在於豐富人們的資訊量，傳播文化知識，強化義大利民族的統一意識，播放的節目大多數具有較強的教育意義，例如最初較為流行的電視節目《波河流域之旅：尋找遺失的食物》，是一個典型的旅遊節目，帶領觀眾欣賞義大利的各大城市風光的同時，介紹各地區的歷史文化和民間風俗。可是節目播出後不久，一個不可思議的現象卻漸漸浮現：這個經濟發展迅速的大國，卻有三分之一的人口是文盲或半文盲。電視剛剛興起的年代，電視節目種類不多，並且多集中於體育報導、新聞和知識搶答類等。電視臺被國家和政黨操控，因此在節目的製作上受到了很多限制，

"Carosello" 開場畫面

並且不可避免地被抹上濃濃的政治色彩，所播出的節目必須積極
向上，不得違背天主教的信條和傳統的家庭觀念，就連在廣告的
製作上也極具時代的特點。其中 "Carosello" 便是最典型的例子，
1957 年 2 月正式播出了一個專門播放廣告的節目，在晚上新聞之
後、電影開始之前，即八點五十分至九點的黃金時段播出，該節
目由一段段短片組成，通常以輕喜劇、音樂劇或動畫片的形式播
放廣告，每段持續大概三分鐘左右的廣告裡，只有在結尾的幾秒
鐘裡介紹產品，而前面的大部分都是富有娛樂性的片斷。這種商
業味道極淡的播放形式一直持續了二十多年，並從未經過任何修
改。融合了趣味性和娛樂性的廣告不可思議地受到了大人及孩子
的歡迎，因此 "Carosello" 是 1950 年代和 1960 年代最受關注的電
視節目之一，也是每個義大利家庭鎖定收看的節目，尤其是對於
出生在 1950、1960 年代的人來說，"Carosello" 是他們童年記憶

中最美好的一部分，與之相關的還有那句每晚都會縈繞在耳邊的父母的叮囑：看完 "Carosello" 後就去睡覺吧。

　　1950 年代另外一個較為重要的電視節目便是《離開還是加倍？》(Lascia o raddoppia?)。該節目從 1950 年代中期開始播放，由被譽為電視猜謎之王的知名電視節目主持人邁克・邦焦爾諾主持。該節目是義大利電視臺第一個正式的益智類節目，也是第一個最具文化內涵的綜藝節目。每個星期四的晚上，大部分人聚集在少數擁有電視機的鄰居家裡，或者酒吧裡觀看這一節目，而很多電影院甚至在星期四晚上停止放映電影，反而轉播邦焦爾諾的電視猜謎。伴隨著主持人富有磁性的那一句「女士們，先生們，晚上好！」的開場白，人們放下手頭的工作全神貫注地收看這一節目。從某種意義上說，人們喜愛這一節目的另一主要原因還在於該節目所傳達的正面訊息：只要肯努力學習，掌握豐富的知識，任何人都有贏得比賽的可能性。對於經歷過戰爭和貧困的人們，還有什麼比希望更重要呢？而這位給眾人帶來希望，豐富大眾的精神與娛樂生活的主持人邁克・邦焦爾諾一時間成為亞平寧半島上最著名的人物，以至於每個星期都會收到多達五千多封崇拜者

邁克・邦焦爾諾 (Alamy)

的信件。在義大利的語言學術界，很多學者認為創作《神曲》的但丁、《約婚夫婦》的作者曼佐尼及「猜謎之王」邁克·邦焦爾諾是現代義大利語的奠基人，為義大利語的推廣作出了巨大的貢獻。

1960 年代，電視節目的種類和內容逐漸豐富，不再是單一地介紹民俗和文化，而是轉化成一種大眾的交流和教學的工具，以滿足人們精神的需求和學習讀寫的迫切需要，進而有效地降低社會的文盲率。義大利從 1861 年建立的義大利王國起至 1960 年代已有一百多年的統一歷史，雖然每個大區在保留並延續原有的節日習俗和民間文化的基礎上，被融入了很多新的元素和生活習慣，可是語言的統一卻一直沒有被重視。戰後重建和經濟繁榮發展的過程中，義大利人開始意識到發展經濟固然重要，可是如果沒有統一的語言，各大區人民的語言障礙便無法逾越，又如何促進彼此間的交流與合作呢。義大利共有八千多個市鎮，可以說沒有哪個市鎮或大區不存在自己的方言，更加令人不可思議的是，即便是居住在兩座相距十公里的小鎮的村民卻無法理解對方的語言。義大利語起源於托斯卡尼方言，雖然作為標準語，但是在當時實際使用者卻僅占全國人口的百分之十五，而剩下的百分之八十五的人則仍舊使用當地的方言，每個大區甚至每座城市都有自己的方言。因此從 1960 年代開始誕生了很多具有教育及社會意義的電視節目，例如由公共教育部和義大利廣播電視公司 RAI 共同舉辦的電視節目《永遠不會太晚》，事實上也可稱為是早期的「遠程教育」，在節目中融合了短片、音像、列表、畫圖等方式，大量使用了現代意義上的新型模式教學法，該節目專門針對不會書寫義大利文或者不會說標準義大利語的成年人。該節目播出後受到廣大觀眾的歡迎，每日的平均收看人數高達四百萬。據統計，大約有

一百五十萬人正是藉由這個節目掌握了基本的語言知識，並獲得了小學文憑，從而大幅地降低了義大利的文盲率。《永遠不會太晚》這個節目一直播放到 1968 年，共錄製了四百八十四集，可以說是開創了教育類節目的先河，並大力地普及了標準的義大利語，這種電視節目的模式成為世界七十多個國家效仿的榜樣。在義大利流傳著這樣一句話：從與語言的角度上講，義大利的統一並非是傳奇人物加里波第或是加富爾公爵，而是義大利的電視媒體。可以說正是電視促使義大利在社會和文化方面達到了真正的統一。

1960 年代是黑白螢幕的世界，而到了 1970 年代彩色電視成為新的主角。時逢 1972 年慕尼黑奧運會，在賽事轉播期間開始進行了對這一新技術的實驗。義大利各大主要城市中，很多電器商店開始出售彩色電視機。由於缺乏先進的技術，最初的彩色電視機並沒有達到預計的成功效果，手動調製的電視機色彩不穩定，且價格昂貴，因此只有少數人出於三分鐘熱情嘗試購買了彩色電視機。這種現象持續到 1977 年，郵電部部長維托里諾・科隆博 (Vittorino Colombo) 在新聞中宣布義大利將於當年 1 月正式開始進行彩色視頻圖像轉播，也意味著義大利電視邁向了又一個新的時代。

從 1980 年代開始，電視媒體的舞臺變得更為活躍，國家電視臺失去其壟斷地位，私營電視臺開始進入到義大利的電視市場。毫無疑問，掀起這場電視革命的正是義大利政壇的風雲人物貝盧斯科尼 (Silvio Berlusconi)。事實上，這位改寫義大利現代歷史的義大利前總理並非政界出身，1960 年代，貝盧斯科尼從事建築業，在米蘭建造了很多住宅區，並在該領域取得了巨大的成功，

貝盧斯科尼 (Reuters)

榮獲了義大利共和國頒發的「勞動騎士」勳章，以至於直到今日人們仍是習慣地稱呼他「騎士」。1980 年代，他開始轉向電視媒體產業，並逐步向義大利最大的出版集團蒙達多里進軍。旗下的產業幾乎涉及到了每一個經濟領域，Medusa 電影公司、AC 米蘭足球俱樂部、Standa 連鎖百貨公司等，可謂是財經界的傳奇人物。他的涉足民營電視臺改變了以往的壟斷局面，對義大利電視進行了大刀闊斧的改革，大膽引進了美式電視連續劇、日本卡通動畫片、肥皂劇等，完全改變了國家電視臺 RAI 死板的製作風格和硬性的節目規定。貝盧斯科尼成為「電視大王」，他參與節目的製作、場景布置、剪輯工作，向主持人、導演提出建議，並發明電視節目的標題或口號，可謂是萬能的電視人物。

貝盧斯科尼不僅是民營電視臺之父，也是歐洲最重要的政治人物。在穩固其經濟地位之後，開始轉型向政壇發展，因此剛剛擺脫公共壟斷和教廷制約的義大利電視隨即又陷進了私人壟斷。作為最大的電視集團，他毫無疑問地為義大利電視的發展添加了

一抹個人的色彩。電視節目呈現多元化，其風格也發生了巨大的變化，討論激烈的政治論壇，輕鬆風格的新聞節目和名人脫口秀等脫穎而出，為觀眾們提供了新的娛樂方式。

從 1990 年代之後，在社會高速發展的背景下，電視媒體的轉型速度也逐漸加快。2000 年開始播放的 "Grande Fratello" 真人秀節目成為新紀年的標誌。參賽的十幾位青年男女需要在一棟封閉的別墅裡居住三個月，保持真空狀態，無電視、雜誌、電話、報紙、廣播等任何與外界聯繫或消磨時間的工具。整棟別墅二十四小時被攝影鏡頭監控，在這種毫無隱私可言的狀態下，考驗人們的忍耐力及處理人際關係的能力。這一節目令觀眾們跌破眼鏡，透過電視，觀眾們可以觀察到他們生活中的每一個細節，人與人之間的爭吵，互生的情感，喜怒哀樂的種種，生活以原生態的形式被赤裸裸地攤在人們的眼前。真人秀節目標誌著一個嶄新的娛樂時代的到來。在義大利每個階段的電視發展過程中我們不難發現：電視由最初兼具教育性與啟發性，以傳播資訊和文化為主要目的媒介，發展為今日的娛樂工具，其中很多節目中的人物成為青少年爭相追捧的對象。

當然媒體不只是電視的代名詞，其中還包括其他傳播資訊的工具，如報刊、廣播、網路等，但最具影響力的除了電視之外，報刊緊追其後。在義大利報刊界呈現著這樣一種局面，即每個政黨都有自己專屬的報社「情人」。總體上來看，全國性的報刊共有二十家，上百家的地區性報刊，四家主要經濟類報刊以及三家主流體育報。其中，《晚郵報》是義大利發行量最大的報刊，創刊於1876 年，第一份報紙印刷完成於晚上九點整，由此便被命名為《晚郵報》，是所有報刊中政治色彩最淡的一個；第二大主流報刊

則是《共和國報》，該報紙是左翼民主黨的忠實擁護者；而《前途報》則是天主教的主要報刊。因此如果想了解針對某一事件各個黨派的立場和觀點，不妨翻開不同的報紙便可略知一二。

　　義大利是歐洲文化的搖籃，誕生了無數享譽世界的作家、詩人、思想家，但是這個文化大國的讀者卻一直與閱讀有著微妙的關係。眾所周知，義大利人是歐洲國民閱讀報紙率最低的國家，相對而言，在法西斯時期，儘管受到消息封鎖的獨裁管制，但是讀者的比例卻要比今天高很多。我們不僅會產生這樣的疑問：為何在資訊自由的今天其閱讀率卻下降了呢？或許其中很大的原因在於媒體本身。正如我們所知，幾乎所有的義大利報刊集團都屬於私人的，他們卻與政治有著千絲萬縷的關係。媒體工作者的任務不僅僅是在於及時準確的傳達新聞，還要明確地擺明自己的政治傾向，因此，便導致很多讀者會選擇性地進行閱讀。當然，對於每個政治黨派來說，掌握自己的媒體資源似乎成為一項至關重要的宣傳方式，只有通過媒體才可以更有力地將自己的理念傳達給人們，以徵得更多的支持者。每年，政府都會向各大報紙提供上百萬歐元的財政補貼，但是納稅人對之卻保持著自己的意見。作為媒體，不應該只體現其政治責任，更應該肩負起對社會的道德責任，公正地審視問題，將事實與真相呈現給每一位讀者或觀眾。

甜蜜的生活

甜蜜的生活，多麼具有吸引力的字眼。可是什麼樣的生活才能被定義為甜蜜？這種生活的味道恐怕不是一份法式馬卡龍或義式提拉米蘇就能調和出來的。出於人類好奇的天性，尋找這種所謂甜蜜生活的腳步從未停止。

說到甜蜜的生活，喜歡或研究義大利電影的人們對於導演費德里科・費里尼 (Federico Fellini) 的名作《甜蜜的生活》(La dolce vita) 一定非常熟悉。這部作品於 1960 年在義大利上映，是義大利電影史中的輝煌之作。時隔今日五十多年，仍是人們心目中的經典，影片拍攝風格為好萊塢很多影片創作帶來了無盡的靈感。因此，每當人們談起甜蜜的生活時，仍會憶起費里尼作品中那一黑白的傳奇世界。

《甜蜜的生活》一片以 1950 年代末的羅馬為故事背景，透過鏡頭向觀眾們呈現出一個剛剛走出戰後的義大利，一個時刻處於變化中的世界。戰後，美國文化迅速被引入義大利，使這個在經濟與思想上閉塞而落後的國家漸漸地在戰後的廢墟中重新活力煥發，拾回曾經丟失的魅力。在這部影片中，觀眾們追隨男主角馬爾切洛的腳步，在七個並不連貫的夜晚中去觀察羅馬最生動、最真實甚至有些殘酷的一面。馬爾切洛在影片中是一位娛樂記者，與他的搭檔帕帕拉佐 (Paparazzo) 經常一起出入各式舞會、派對和交際場合，或到明星經常光顧的地方蹲守，以發掘最新的爆炸性

獨家新聞。可以說整部影片是華麗的，永恆之城被蒙上了一層飄渺的面紗，在馬爾切洛身邊圍繞著令人眼花繚亂的美麗女人，可是無論是脆弱敏感的未婚妻艾瑪、性感的美國明星西爾維婭、令人垂涎的富家千金瑪達萊娜，還是在鄉間飯店偶遇的清純女服務員，都無法解救這位看似擁有幸福甜蜜生活的馬爾切洛。相反地，這一系列的豔遇使馬爾切洛的生活如同一場充滿「浪漫與激情」的派對，然而在這玩樂與冒險的背後，馬爾切洛卻感到無比黯然神傷，如同深陷在泥淖中，無法自拔。費里尼正是藉由這樣紙醉金迷的生活呈現出戰後義大利經濟的復蘇，上流社會精神層面的空虛與物質生活富足的失衡狀態。

　　本片取景於羅馬，從某種意義上說，這座「永恆之城」便是

《甜蜜的生活》劇照 (Alamy)

義大利通往外界的窗口，也是義大利的象徵。在影片的開頭，一架懸掛著巨大耶穌雕像的直升機從這座永恆之城的上方掠過，隨後，鏡頭便轉向了下方，將羅馬的全景以及遠方那空曠的建築工地盡收眼底，鏡頭慢慢地下放，最後將焦點落在豪華別墅裡的游泳池上。這便是重建中的羅馬，一座遍布私人城堡、時尚俱樂部及夜總會的城市，宏偉的歷史建築與現代化的高樓大廈形成鮮明的對比，形形色色的人們遊走在這座迷宮之中，到處充斥著八卦記者對製造新聞的渴望、市井小民對生活的幻想與恐懼、上流社會在夜色中的墮落與迷失。影片中所反映的對現實生活的否定、對宗教信仰和道德觀念的絕望，以及羅馬人乃至義大利人精神世界的荒蕪，猶如一記響亮的耳光，欲驚醒生活於荒誕之中的人們。在經濟走向繁榮，消費主義盛行的年代裡，這個文化大國卻出現了前所未有的精神貧瘠。而正是因為這樣，使這部影片成為了爭議的焦點，1960 年 2 月上映後，無論是在義大利的評論界、政治圈還是教廷，都激起了不小的波瀾。

　　《甜蜜的生活》開創了一個新的時代。正義穿透了偽善的面紗，將一個真實露骨的世界冷冰冰地呈現在人們面前。雖然這部影片在不同領域中引起了無休止的議論，甚至影片首次在米蘭 Capitol 影院首映時，費里尼遭到了觀眾們極大的侮辱。然而這樣一部頗具爭議的作品卻獲得了空前的成功，在各大國際電影節上榮獲了很多重量級的獎項，更為重要的是這部影片創造了新的義大利習俗和詞彙，其中最深入人心的就是 "Paparazzo" 這一角色，他是馬爾切洛的搭檔，一個跑前跑後，專門負責拍攝明星醜聞的攝影師，他的姓成為「狗仔隊」的世界通用詞語，特指那些專門揭露明星隱私、傳播醜聞的記者。另外，影片中由安妮塔·埃克

伯格飾演的美國女明星西爾維婭，與馬爾切洛在許願池內共舞的一幕，成為二十世紀世界最著名的電影場景之一。

第二次世界大戰以後，義大利開始進行了緩慢的重建工作。同時，興起了極具影響力的新現實主義電影運動。新現實主義風格的電影以紀錄性的原則再現了戰後義大利民不聊生和高失業率的社會狀態。而從 1950 年代末開始，很多年輕人渴望打破當時的模式，打造新的風格，對於電視機不屑一顧，他們更喜歡富有節奏感的黑白電影。新生代不斷地嘗試改變，追尋新的生活方式和新的創作靈感，而好萊塢在羅馬投資成立的羅馬電影城，無疑為其發展帶來了新的契機，並吸引了大批好萊塢製片商、導演和電影明星等前來拍攝，這一時期成為義大利電影發展的黃金時期，歐洲的電影中心開始向羅馬古城轉移。羅馬名人匯集，群星璀璨，後來成為費里尼影片中的主要取景地。威內託大街一時間成為羅馬最著名的街道，這裡猶如一座巨大的舞臺，貴族與名流不分白晝黑夜地活躍在這永不散場的舞臺上。因此費里尼眼中的甜蜜的生活從某種意義上講，似乎蘊含著對時代的諷刺與無奈。1950 年代是遠離炮火連天的和平年代，物質的豐盈滿足了人們生活的基本需要，然而卻使人們一時間失去了追求的方向。因此 1950 年代，所謂的甜蜜其實僅是一種表象，包含著一絲絲的苦澀。

1960 年代中期，社會結構發生巨變。社會福利制度的建立促成了新的生活方式，義大利式喜劇的雛形也漸漸清晰，其中，國寶級導演迪諾・里西 (Dino Risi) 的《安逸人生》(Il sorpasso) 便是喜劇電影中經典的例子，這部影片是一個關於旅途的故事，盛夏時節，兩個年輕人開著敞篷車，踏上了一段沒有目的地的旅途，尋找一處另類的美景。在途中發生了一連串令人啼笑皆非的故事，

兩個主人公追求高速駕駛的刺激，體驗與美女邂逅的激情，盡情享受生活的每一秒，正如片中的男主角問他的同伴：「你不喝酒，不吸煙，連轎車也不會開……，你確定懂得享受生活嗎？」可見懂得享受生活與這三者之間的緊密聯繫。在影片的最後，主人公布魯諾在一場由於超車而引起的事故中身亡，儘管故事的結尾並非圓滿，但是整部影片的輕鬆氛圍和幽默風趣的表現手法，似乎使人們忘記了現實中的苦澀和淒慘的結局。可以說，義大利式喜劇完全走出了新現實主義沉重的表達手法。生活，也許依然不盡人意，依然充滿著痛苦與掙扎，總是令人措手不及，但是人們似乎已經開始嘗試微笑著去面對，灑脫隨意過生活。義大利人的甜蜜生活從這一時期真正地開始上演了。生活中的「甜蜜」突出了其新的詞義內涵，即指將富足的物質享受與社會福利相結合，並保持從容的生活態度，藉由完善的帶薪年假與免費的醫療制度，為人民提供了追求美好生活的堅實基礎。

隨著時代的變遷，人們對生活的期望也不斷發生變化，對幸福生活的理解也相應有了新的詮釋方式。黑白電視機逐漸普及，家用轎車的擁有比例不斷上升，填補了人們對高品質生活追求的空間，也象徵著義大利社會進入享受型消費階段。如果說 1950 年代人們的願望是擁有一臺黑白電視機的話，那麼到了 1970 年代，電視機已經成為每個家庭的必備品，洗衣機則成為人們爭先恐後搶購的對象。對於很多義大利家庭來說，做家務只是女性單方的義務，尤其是對於需要兼顧家庭和工作的職業女性來說，洗衣機的誕生為她們帶來了福音，不但能夠大大地減少她們的工作量，也有更多可以支配的個人時間。

經過戰後三十多年的努力，義大利由農業國家轉型為工商業

悠閒的咖啡座

國家，工業及服務業成為國家的支柱產業。走過物質貧困與精神
迷茫的階段，人們終於進入了幸福生活的正軌。穩定的市場為人
們提供了經濟基礎，並在各大城市掀起一股購房熱潮。因此 1980
年代的甜蜜生活不僅意味著布置溫馨的家庭，附帶私人游泳池的
鄉間別墅，同時也是精神享受與娛樂休閒的代名詞。利用週末或
節假日出城度假，體驗一份不同的心情成為一種時尚。旅遊度假
不再是上流社會的專利，反而逐漸轉向大眾化。隨著旅遊業的發
展、旅遊景點的增加，人們以車代步，與家人一同前往，體驗恬
靜的休閒時光。在衣食無憂之餘，人們自然會萌生追求更高精神
境界，渴望掌握更豐富的知識，除了可以透過旅行的方式了解不
同的文化內涵和生活方式，還可以藉由書本增加知識量，在這一
特殊時期，《百科全書》一躍位居各大書店暢銷書排行榜榜首。

　　而 1990 年代的幸福生活標準則略有些不同。每個星期與家人
朋友們去披薩店、飯店聚餐，共同分享生活中喜樂。尤其是每逢
週末，幾乎大部分的飯店都人滿為患，需要提前預約。另外，第

二間住房成為義大利人買房計畫中的關鍵詞，尤其是海邊或湖區的私人別墅受到大多數人的歡迎。很顯然，人們希望除了擁有所在城市的房產外，另外購置一處可以度假的地方，假期臨近時便可以直接搬到另一個家，從某種意義上說，可謂是一處脫離枯燥無味的工作和城市生活的「桃花源」。

無論時代如何變化，我們總會在義大利人身上發現一些共通性的東西，比如義大利人對咖啡的執著和對咖啡館的依賴，對時尚的熱愛，對幸福生活的追求，隨著社會歷史不斷地前進，人們對甜蜜生活的理解和詮釋產生了很多不同的看法，而義大利人依舊是一個樂觀的民族。甜蜜的生活也許與物質的富有無關，而是一種生活方式，一種對待生活及生活中酸甜苦辣的態度。在世人的眼中，義大利人似乎受到上帝的眷顧要比其他人多一些，地中海慵懶的陽光，清爽的海風和溫暖的氣候締造了一個安寧舒適的居住環境，也許這種天賜的優良環境在一定程度上造就並影響了義大利人樂觀向上、富於創造力的性格，以及講求藝術，熱愛生活的品質。正如一句諺語中所說的：「我們的生命只有一次，但我們如能正確地運用它，一次足矣。」相信這也是義大利人的人生態度。

義大利，這玩藝！
—— 視覺藝術 & 建築

謝鴻均、徐明松／著

在時間彷彿定格的龐貝廢墟中，我們與古人一同呼吸；在貢多拉船夫的歌聲伴隨下，我們聽見威尼斯的短暫與永恆；在羅馬那沃納廣場的四河噴泉裡，我們看見貝尼尼不服輸的身影……

義大利，一個承載著羅馬帝國歷史榮耀的國度，究竟有什麼樣傑出的藝術表現？一個天性浪漫開朗的拉丁民族，為何能在看似漫不經心中，隨處展露不凡的藝術天份與品味？

本書精心設計一趟義大利藝術旅程，從「視覺藝術」與「建築」的角度出發，帶你深刻體驗這只南歐長靴的傳統與現代。